D1719473

Ein Buch über
DICH

Ein Buch über

DICH

Charles F. Haanel

Deutsche Erstübersetzung von Helmar Rudolph

"Ein Buch über Dich" von Charles Francis Haanel

Aus dem Original "A Book about You" von 1927

Übersetzung, Satz und Layout: Helmar Rudolph
Lektorat und Korrektorat: Roland Schröter / Alice Love
Umschlaggestaltung: Helmar Rudolph / Ann Kistenmacher

Inspired Mind ist ein Imprint der SüdOst Verlag GmbH
© 2009 JAH Holding Inc.

Weitere Informationen und Unterstützung im Internet unter www.mrmasterkey.com

1. Auflage, Juni 2009
ISBN-13: 978-3-89682-600-8

Die deutsche Nationalbibliothek — CIP — Einheitsaufnahme
Die deutsche Nationalbibliothek verzeichnet diese Publikation in der Deutschen
Nationalbibliografie; detaillierte Daten sind im Internet über http://dnb.d-nb.de abrufbar.

Wohlstand ist ein harmonischer, schöpferischer Zustand des Seins. Schöpferisches Gesetz wird jede Art von Disharmonie überwinden, sei sie finanziell, körperlich, geistig, moralisch oder gesellschaftlich.

Aller Besitz gründet auf Bewusstsein. Zuwachs ist das Resultat eines sich anhäufenden Bewusstseins. Jeglicher Verlust ist das Resultat eines sich zerstreuenden Bewusstseins. In anderen Worten bedeutet dies, dass Gedanken Dinge sind und dass Dinge Gedanken sind — was man denkt, verwirklicht sich. Heutzutage fotografiert man Gedanken, die zeigen, wie sie in dem umgebenden Äther —der universellen Substanz— Form annehmen. Das sind wissenschaftliche Fakten.

Denken ist eine schöpferische Energie und wird automatisch mit dem Objekt in Bezug treten und es verwirklichen, weil Denken eine spirituelle Energie oder Schwingung ist.

All das bringt uns zurück zu der Tatsache, dass Wohlstand das Resultat von korrektem oder schöpferischem Denken ist, und dass Armut das Resultat von falschem oder zerstörerischem Denken ist.

Du kannst es dir innerhalb kürzester Zeit selbst beweisen.

— *Charles F. Haanel*

Über den Autor

Charles Francis Haanel wurde am 22. Mai 1866 als Sohn deutschstämmiger Eltern in Ann Arbor, Michigan, USA, geboren. Sein Leben verbrachte er als Geschäftsmann und später als Autor in St. Louis, Missouri. Charles Haanel war unter anderem Präsident der Continental Commercial Company, laut einer Biografie von Walter B. Stevens aus dem Jahre 1909 zum damaligen Zeitpunkt eine der größten in der Welt. Darüber hinaus war er Präsident der Mexico Gold & Silver Mining Company, arbeitete später noch für einen Verlag, um schlussendlich selbständig als Autor und Verleger tätig zu sein.

Als Autor von Büchern über Philosophie, Psychologie, Ursache und Wirkung, Persönlichkeitsentfaltung, Lebens- und Geisteswissenschaften veröffentlichte er *The Master Key System* (1916), *Mental Chemistry* (1922), *New Psychology* (1924), *A Book About You* (1927) und, mit Victor Simon Perera, *The Amazing Secrets of the Yogi* (1937). Charles Haanel erhielt mehrere Titel, darunter eine Ehrendoktorwürde vom National Electronic Institute; Doktor der Psychologie, Metaphysik, vom College of Divine Metaphysics, sowie Doktor der Medizin vom Universal College in Dupleix, Indien.

Er war Mitglied in diversen Verbänden und Gemeinschaften, u.a. dem London College für Psychotherapie; Mitglied bei der Autorenliga von Amerika; der Amerikanischen Gesellschaft für Psychische Forschung; Mitglied bei den Rosenkreuzern; der Amerikanischen Gesellschaft für Suggestivtherapie; der Wissenschaftsliga von Amerika; Pi Gamma Mu Fraternity; spekulativer Maurer im 32. Meistergrad (Sublime Prince of the Royal Secret – Ritter und Prinz des königlichen Geheimnisses) des AASR (Alter u. Angenommener Schottischer Ritus), Keystone Lodge No. 243, A.F. & A.M.

Charles Haanel starb am 27. November 1949 im Alter von 83 Jahren und ist auf dem Bellefontaine Friedhof in St. Louis beerdigt.

Charles H. Laauel

Für Anja

INHALTSVERZEICHNIS

ANMERKUNGEN DES ÜBERSETZERS

ANMERKUNGEN DES ÜBERSETZERS

Es ist noch nicht so lange her, dass ich die deutsche Erstübersetzung von Charles F. Haanels „*The Master Key System*" (siehe Anhang) angefertigt habe —mein erstes Übersetzungsvorhaben überhaupt. Was dem folgte, ist Zehntausenden von Lesern und Studenten wohlbekannt. Somit ist es mir eine ganz besondere Freude, dir hiermit die deutsche Erstübersetzung des 1927 ebenfalls von Charles Haanel verfassten Werkes „*A Book about You*" vorzulegen. Es war die Folge dessen, was mich das Master Key System lehrte, nämlich ein vollkommen neues Verständnis von dem, wer ich wirklich bin und was scheinbar außerhalb von mir abläuft.

Nachdem vorher —dem alten Weltbild entsprechend— alles feinsäuberlich getrennt war und Verbindungen dazwischen für mich nicht bestanden, fügte sich auf einmal alles zusammen. Es ergab sich ein prächtiges Bild pulsierenden Lebens, mit unendlichen Möglichkeiten und dem Wissen um den Mechanismus, diese auch zu verwirklichen. Nun konnte ich auch meiner Verantwortung als spirituellem Wesen nachkommen, etwas, dessen ich mir bis dato vollkommen unbewusst war.

Dieses Buch erweitert und ergänzt das Master Key System, steht aber auch für sich allein glänzend da. Obwohl Charles Haanel im Master Key System bereits kurz auf Schwingungen und Rhythmus einging, blieb doch vieles unerwähnt. Das hat er mit diesem Buch nachgeholt. Es umfasst die gesamte Bandbreite von Schwingungen, nur das unbeachtet lassend, was er zu seiner Zeit noch gar nicht wissen konnte, nämlich die wunderbare Entwicklung im Bereich der Gehirnströme im sogenannten Alpha-, Beta-, Theta-, Delta- und Gammawellen-Bereich.

Unsere Sinneswahrnehmung beschränkt sich lediglich auf einen sehr kleinen Teil einer viel umfangreicheren Gesamtheit. Unser Verständnis über diese Gesamtheit, wie auch die Rolle, die wir darin spielen, führt letztlich zu einer Anerkennung und Wertschätzung des zuvorgenannten spirituellen, also feinstofflichen Bereichs. Durch ihn eröffnet sich uns dann endlich eine wahrhaft gigantische Perspektive —wir als Mitschöpfer unserer eigenen Wirklichkeit, als Erschaffer des Lebens in jedem einzelnen Moment.

Schrittweise erkennen wir unser „ICH BIN" — unser wahres Ich— und all die sich daraus ergebenden Möglichkeiten der Verwirklichung und des Wachstums. Diese Erhöhung unseres Schwingungsniveaus zeigt sich dadurch, dass wir in der Lage sind, umfangreichere Informationen aufzunehmen und zu verwerten. Das wiederum befähigt uns, Muster zu erkennen. Diese Mustererkennung führt zur Gewissheit. Aus dieser Gewissheit heraus finden wir dann unsere Mitte. Aus dieser Mitte, dieser Stille, Souveränität und Gelassenheit heraus treffen wir intelligente Entscheidungen. Das wiederum erschließt uns ein Leben im Überfluss —wir kommen zur Ausübung unseres Geburtsrechts. Da das allen zugute kommt, die damit in Berührung kommen, erheben wir somit nicht nur uns, sondern auch die Familie, die Gesellschaft, die menschliche Rasse und jede Wesenseinheit auf der Erde auf die nächsthöhere Ebene der Existenz —welch eine Vision, welch eine Freude!

Es liegt nun an uns, durch dieses neue Verständnis unserer selbst und der Zusammenhänge im Leben neue Entscheidungen zu treffen —Entscheidungen, die harmonisch, systematisch und konstruktiv sind. Wenn wir nun selbständig und diszipliniert denken und nicht länger das kommentarlos hinnehmen, was andere uns zugedacht haben, werden wir zum Meister unseres eigenen Lebens, jedoch immer in dem Bewusstsein der Verbundenheit mit allen anderen Wesenseinheiten.

Durch das in diesem Buch vermittelte Wissen, wie auch die im Master Key System dargebrachte praktische Anleitung zur aktiven Lebensgestaltung, begibst du dich auf den Weg jener bewussten Mitschöpfung. Das, was dabei heraus kommt, ist mit Worten gar nicht zu beschreiben, so wundervoll, so erfüllend, so bereichernd ist es. Bedenke aber, dass du hier von uraltem Wissen berührt wirst —Wissen, das bisher nur einigen Wenigen vorbehalten war. Gehe bitte achtsam damit um und erweitere dein Streben nach der Wahrheit auch durch andere Werke, die dir mit der Zeit zukommen werden. Eines davon mag auch das von Adriane Lachmayr und mir übersetzte Buch Charles Haanels, „*The Amazing Secrets of the Yogi*" (siehe Anhang) sein. Dort geht es hauptsächlich um bewusste Atemtechniken, mit denen wir unseren Körper steuern und auch so wieder eigene Realitäten bewirken können.

Das folgende Vorwort von P.G. Bowen ist nicht Teil des Originals, wurde aber von mir aufgrund seiner Relevanz und Tiefe hinzugefügt, um einen entsprechenden Rahmen und Bezugspunkt zu geben. Es entstammt seinem Buch, „*The Sayings of the Ancient One*" (1936, Rider & Co.), ein weiteres Werk von unschätzbarem Wert.

Abschließend einen ganz herzlichen Dank an Roland Schröter/Alice Love für das Lektorat und Korrektorat meiner Übersetzung, Adriane Lachmayr für ihre Übersetzungshilfe, wie auch Dr. Hannah Titilayo Seriki für ihre wertvollen Anregungen und Änderungen.

Nun aber erlaube dir das wohlige Eintauchen in die vielfältige Welt der Schwingungen. Komme zu einem Verständnis darüber, wie sie dein Leben beeinflussen und wie du durch deine Bewusstseinserweiterung den höheren Ebenen des Seins emporstrebst —es ist im wahrsten Sinne des Wortes „*Ein Buch über Dich*".

~ Helmar Rudolph
Kapstadt, Südafrika, im Juni 2009

VORWORT

VORWORT

Jeder Mensch weiß, dass was er seine „natürliche Umgebung" nennt, einen tiefgreifenden Einfluss auf sein Leben hat. Alle Menschen haben einen Instinkt dafür, oder ein traditionelles Wissen, dass ihr Schicksal durch die Sonne, den Mond, die Planeten und unzählige Sterne beeinflusst wird; sie wissen aber nicht, wie tiefgreifend diese Einflüsse wirklich sind. Sie wissen nicht, dass diese „himmlischen Erscheinungen" nur verschwindend kleine *Aspekte* sind, die durch das gegenwärtige Bewusstsein einer Hierarchie von Wesenheiten sichtbar gemacht werden, in denen sie ihr Dasein haben und von deren Entwicklung ihre eigene abhängig ist.

Wenn dargelegt, lehren diese Konzepte dem Menschen, der sich dem Wissen um den Sinn seines Lebens geöffnet hat, dass er, wenn er sein Wachstum beschleunigt oder verlangsamt, für unendlich viel mehr als nur sich selbst verantwortlich ist, da nicht nur die Welt, der Planet und das Universum ihn beinhalten und ihm seine Umstände bereitstellen, sondern er selbst sich in entsprechendem Maße zu einer Hierarchie von Wesenheiten verhält, die in ihm leben und sich dort entwickeln.

Lass uns diese Konzepte nun um eine weitere Tatsache erweitern, dass nämlich des Menschen Bewusstsein, welches untrennbar ein Teil seines Wesens ist, diese Welt, diesen Planeten und dieses Universum, etc., umfasst, auch wenn dem menschlichen Bewusstsein bisher nur vage Aspekte dessen veranschaulicht wurden. Demnach beinhaltet er in seinem Wesen jene "größeren" Wesenheiten, und wenn er in seiner Pflicht versagt, sein eigenes Wachstum zu beschleunigen, er auch seiner Welt und seinem Universum versagt (und beeinträchtigt beide in ihrer Entwicklung und somit die „Vorwärtsbewegung des Großen Ganzen", Anm. d. Ü).

Der Mensch, der in die Siebte Phase des Wachstums eintritt und sich von den Beschränkungen seines gegenwärtigen Wesens befreit hat, wird nach einem Abschnitt der Freiheit als Leben wiederverkörpert, oder auf einer höheren Ebene des Seins wiederverwirklicht. Auf dieser Ebene wird er in einer Welt leben, so wie er es in dieser tut; und diese neue Welt wird eine Wiederverkörperung der alten sein, welches die Fünfte Phase des Wachstums der Hauptphase in der Evolution des Planeten repräsentiert. Mit seinem eigenen Aufstieg auf der Skala des Seins hat er auch seine Welt angehoben. Dennoch sollte man sich daran erinnern, dass die alte Welt für die nachhinkende Masse der Menschheit immer noch besteht; und dieser Mensch selbst mag dann als Mitglied einer erhabenen Rasse unter den Menschen weilen, unerkannt für alle, außer einigen wenigen.

Der Lernende wird diese schwierigen Konzepte nur dann erfassen, wenn er an dem Verständnis festhält, dass alles, was war, ist, oder jemals sein wird, eine Darstellung unendlichen und ewigen Lebens ist und in der Unendlichkeit und Ewigkeit besteht. Einer der Großen der Erde sagte einmal: "*Alles, was war, IST; und alles IST, was mal sein wird.*" Diese wenigen, kurzen Worte beinhalten die Weisheit der Zeitalter in einem Atemzug.

~ P.G. Bowen

EINFÜHRUNG

EINFÜHRUNG

Materie in Bewegung und Äther (auch Chi, Prana, Orgon, Mana oder Lebensenergie genannt, Anm. d. Ü.) unter Einfluss sind die fundamentalen Prinzipien, mit denen wir uns in der Physik beschäftigen. Beides sind Schwingungsaktivitäten.

Wir sprechen von ihnen, als gäbe es zwei Prinzipien; jedoch gibt es nur ein Prinzip mit einer dualen Auswirkung: Ursache und Wirkung. Bewegte Materie wirkt auf den Äther ein, Äther unter Einfluss bewegt Materie.

Alle Phänomene im Universum sind das Resultat des Funktionierens dieses grundlegenden Prinzips. Lass uns nun diejenigen überprüfen, die uns am nächsten sind.

Kraft

Stärke, alle Kraft, Energie —nenne es, wie du willst— löst sich in zwei Bereiche auf: kinetische und potentielle. Kinetik ist wirkliche Kraft und ist auf ewig mit Bewegung verbunden. Ohne etwas, was bewegt wird, kann es keine Bewegung geben. Kinetische Kraft ist somit Materie in Bewegung. Potentielle Kraft ist Kraft im Ruhezustand — aufbewahrte Kraft— Kraft, die durch allen Raum verteilt ist, oder, Äther unter Einfluss.

Alle Stärke, alle Kraft, alle Energie ist somit eine Schwingungsaktivität.

Licht

Die Erde ist einer der Hauptkörper unseres Sonnensystems. Während sie sich ihren Weg mit der Geschwindigkeit einer Kanonenkugel um die Sonne bahnt, beeinflusst sie den Äther und verursacht das Erleuchten der Atmosphäre, welche aus Wasserstoff- und Stickstoffatomen besteht; dadurch haben wir das Phänomen des Lichts.

Licht ist somit eine Schwingungsaktivität.

Wärme

Die Erde bewegt sich aber nicht nur mit der Geschwindigkeit einer Kanonenkugel durch einen mit Äther gefüllten Raum, sondern sie rotiert auch noch um die eigene Achse, und an ihrem größten Umfang mit einer Geschwindigkeit von 2.000 Meilen pro Stunde, mit einer schrittweise abnehmenden Rotationsbewegung, bis wir die Pole erreichen, an denen nur wenig oder gar keine Bewegung herrscht.

Diese Umdrehung der Erde beinhaltet Materie in Bewegung als Ursache und Äther unter Einfluss als Wirkung; dieses Mal aber ist Wärme das Ergebnis, wobei die größte Menge an Wärme am Äquator auftritt, wo der Einfluss auf den Äther am größten ist, mit kontinuierlich abnehmender Wärme, bis wir die Pole erreichen, wo es keine Bewegung und somit auch keine Wärme gibt.

Wärme ist somit eine Schwingungsaktivität.

Farbe

Farbe ist das Resultat einer Schwingungsaktivität von Atomen, also Materie oder Materie in Bewegung. Während die Frequenz ansteigt, werden die Schwingungen kürzer und schneller, die Farbe ändert sich, wobei jeder Farbwechsel durch eine Änderung in der Schwingungsrate entsteht.

Geist

Bewusstsein ist der innere und Denken der äußere Ausdruck des Geistes. Jedes menschliche Wesen und die meisten Tiere haben unzählige Antennen, die sich alle in den Raum erstrecken und bereit sind, jeden Gedanken, jede Eingebung, jeden Hinweis auf Gefahr zu berühren, welcher ihre unmittelbare Umgebung anbelangt. Diese kleinsten Antennen oder Haare, von denen jede mit einer Pore des Körpers verbunden ist, werden durch die Schwingungen von der Sonne in Bewegung gesetzt. Wenn die Sonne hinter dem Horizont versinkt, dann, wie es die Araber auszudrücken pflegen, „legen sie ihre Zelte zusammen und machen sich leise aus dem Staub." Wir sind dann nicht länger bewusst, wir gehen schlafen. Bewusstsein ist somit eine Schwingungsaktivität, die aus den Schwingungen entsteht, die uns von der Sonne erreichen.

Das gesamte All ist die Lagerstätte von Energie, die aus der Sonne hervorgeht. Bewusstsein wird durch den Kontakt des menschlichen Gehirns mit den elektromagnetischen Schwingungen verursacht, aus denen der Licht spendende Äther besteht und die ihren Ursprung in der Sonne haben. Jeder einzelne der Planeten passiert dieses elektromagnetische Kraftfeld und formt dabei sein eigenes elektromagnetisches Feld.

Diese Schwingungen werden dem Äther kontinuierlich aufgedrückt und werden von jedem Individuum —gemäß seiner Fähigkeit zu empfangen— aufgenommen. Das Gehirn ist ein Empfänger und muss auf die Schwingung eingestimmt sein, andernfalls würde es nichts registrieren.

Geist oder Bewusstsein ist somit eine Schwingungsaktivität.

Leben

Die persönlichen Bestandteile einer Menschen-menge mögen genau die gleichen sein wie die einer Armee; der Unterschied besteht darin, dass Letztere organisiert ist und Erstere nicht. Ein einziges Atom hat keine Masse; es ist schlichtweg eine bestimmte Menge an Energie und wäre an und für sich vollkommen masselos. Wenn aber diese Atome zusammengebracht und organisiert werden, nehmen sie die Eigenschaften des Ganzen an, dessen Teil sie sind. Ein Teil kann nicht gleich sein wie das Ganze. Auf der anderen Seite kann das Ganze nicht größer sein als die Summe seiner Teile, kollektiv und organisch. Jeder Teil ist für das Ganze so unabdingbar wie das Ganze für jeden Teil.

Wenn somit ein Organismus bewusst und intelligent ist, müssen die Atome, aus denen dieser Organismus besteht, bewusst und intelligent sein, genauso wie jeder einzelne Soldat ein klein bisschen Kraft hat, er aber eine sehr bedeutsame Menge an Kraft entwickeln würde, wenn er mit hunderttausend ähnlicher Soldaten vereint ist und sorgfältig trainiert und organisiert ist.

Das Atom, aus dem alle organische und anorganische Substanz entsteht, ist masselos, bewusst und intelligent. Der Grad von Bewusstsein und Intelligenz, der sich in einem organischen Körper darstellt, hängt davon ab, ob eine Mob-Mentalität oder der Geist von Effizienz und Dienst vorherrscht.

Das einzelne Atom hat keine Dichte. Dichte ist eine Eigenschaft von Materie, und ein einzelnes Atom hat keine materiellen Eigenschaften; nur wenn Millionen von ihnen in Form organisiert sind, nehmen sie materielle Eigenschaften an.

Das Atom ist die Einheit und der Mensch eine Organisation dieser Einheiten. Thomas Alva Edison sagte einmal: „Ich glaube, dass unsere Körper aus unzähligen dieser Lebenseinheiten bestehen. Wir haben angenommen, dass der Mensch diese Einheit ist, welche wir sehen können, und haben die Existenz der wahren Lebenseinheiten ignoriert, welche diejenigen sind, die wir nicht sehen können."

Die Zusammenfassung dieser Lebens-Einheiten ist der Äther, welcher das ultimative spirituelle Prinzip verkörpert und welcher die Einheit der Kräfte und Energien repräsentiert, aus denen alle dem Menschen bekannten Phänomene hervorgehen, ganz gleich ob körperlich, mental oder spirituell.

Solche Schwingungen sind aber nicht das Resultat von Bewegung in nur eine einzige Richtung.

Die Planeten, die gigantische Dynamos sind, bereiten sich nicht nur mit einer unglaublichen Geschwindigkeit ihren Weg durch den Äther, sondern sie drehen sich auch noch um ihre Achse und verwirbeln somit den Äther spiralförmig. Die Feldlinien, die uns von den verschiedenen Planeten erreichen, bestehen somit aus Schwingungen in Spiralform.

Wenn diese Feldlinien von einem zweiten oder dritten Planeten gekreuzt werden, drehen sich die Elektronen um sich selbst, womit der erste Schritt von Organisation stattfindet. Das Elektron ist dann nicht länger eine Masse, sondern eine Masse mit einer Rotationsachse, einer kreisförmigen Umlaufbahn. Die Geschwindigkeit der Bewegung, die Größe und Form des Elektrons, bestimmen die Natur des Atoms, welches schlussendlich daraus entsteht.

Solange sich diese Elektronen unendlich bewegen, bleiben sie Elektronen. Wenn sie aber in einem definitiven System zusammengefasst werden und sich um einen zentralen Nukleus wie ein Miniatursonnensystem drehen, dann machen sie ein Atom von Materie aus.

Diese Einheiten, zusammengefasst in verschiedene Systeme, formen die Elemente. Aus den Elementen, in komplexeren Kombinationen, gehen die chemischen Substanzen hervor. Die anorganischen Substanzen sind relativ einfache Kombinationen von Laugen und Säuren. Die organischen Substanzen sind von komplexerer Zusammenstellung. Diese Substanzen, oder einige von ihnen, wenn sie in einem Mechanismus —Zelle genannt — angeordnet sind, sind in der Lage, gewisse Vorgänge durchzuführen. Diese sind: Aufnahme, Ausscheidung, Wachstum, Erregung, Reproduktion.

Wenn ein Organismus in einem sich selbst erhaltenden System arbeitet, nennen wir ihn lebendig.

Form

Form ist das Ergebnis einer Anhäufung von Materie, und diese Anhäufung aus Materie impliziert die Zerstreuung von Bewegung. Wo immer man auf eine Anhäufung aus Materie trifft, muss es eine gleichgroße Aufnahme von Bewegung geben.

Rückbildung und Entstehung wechseln einander endlos ab. Beide Vorgänge finden andauernd statt; die Ebbe und Flut der Naturkräfte sind unaufhörlich.

Jegliche Form, organisch oder anorganisch, ist das Resultat einer Verbindung aus Erde, Luft, Feuer und Wasser, und jede von ihnen stammt wiederum direkt oder indirekt von der Sonne ab. Ohne die Leben spendenden Strahlen der Sonne könnte es keine mögliche Bewegung geben.

Dieses Sonnen-Fluidum ist der Äther, welcher „in Lösung" (als Potenzial, Anm. d. Ü.) jede mögliche Form von Materie beinhaltet. Dieser Äther ist in einem Zustand hoher Schwingung der „Atem des Lebens", in seiner niedrigen Schwingung ist er anorganische Form, oder Materie.

Jegliche Form ist somit eine Schwingungsaktivität.

Anmerkung des Übersetzers: Sol Luckman schrieb in seinem Buch „Conscious Healing" (ISBN-13: 978-1591138433) zum Begriff „Äther": „Den alten Griechen war die [Torsions-] Energie sehr wohl bekannt. Sie nannten sie "Aether" (αἰθήρ aithēr) und verstanden, dass sie für das universelle Erschaffen direkt verantwortlich ist. In den 50er Jahren hat der russische Wissenschaftler Nicolai Kozyrev diese Leben spendende Energie über jeden Zweifel erhaben bewiesen und zeigte auf, dass sie, wie die Zeit, einer Muschelschale ähnlich in einer heiligen geometrischen Spirale verläuft. Diese wurde Phi, der goldene Schnitt, oder auch Fibonacci-Folge (1,1,2,3,5,8,13,21,34,55,...) genannt. Westliche Wissenschaftler kehren zu der Idee des Äthers zurück, wenn sie von "Nullpunktenergie" oder "Vakuumpotenzial" sprechen. Dieser Durchbruch in der Temporalen Physik des Teilraums beweist, dass Torsionsenergie die gesamte multidimensionale Galaxie durchdringt und nicht nur auf Bewusstsein reagiert, sondern Bewusstsein selber ist, welches sich in der und durch die Zeit erfährt."

TEIL EINS

PLANETARISCHE SCHWINGUNGEN

Bei deiner Geburt hast du eine bestimmte Schwingung erhalten, die sich aus einer Kombination ätherischer Schwingungen zusammensetzte, welche in diesem Moment bestand. Diese Schwingung wurde dir aufgedrückt, genauso wie eine Note eines Orchesters durch die Nadel eines Plattenspielers an den Empfänger übertragen wird, mit jeder einzelnen Note und jedem einzelnen Ton intakt.

Somit bestimmt die Zeit deiner Geburt die Natur und Intensität der Schwingungen, die sich in deinen geistigen, moralischen, spirituellen und körperlichen Eigenschaften offenbaren, und diese wiederum deuten auf den Charakter, die Umgebung und Gelegenheiten hin, die zu dir kommen.

Das bedeutet nicht, dass du dich in einem Morast von zerstörerischem Fatalismus abquälen musst. Im Gegenteil, es weist lediglich auf die Gelegenheiten hin, die sich dir präsentieren, oder die Verführungen, die kommen werden; es gibt kein Ablehnen der Selbstbestimmung oder des freien Willens. Du kannst diese dir im Moment deiner Geburt gegebenen Eigenschaften benutzen oder sie verändern wie es dir beliebt.

Die besondere Natur der Schwingungen, die du bei deiner Geburt erhalten hast, sind lediglich die Werkzeuge des Handwerkers, und derjenige, der zum „Herrscher seiner Sterne" wird, ist derjenige, der sich nicht darüber beklagt, weil ihm eine Violine anstelle einer Harfe überreicht wurde, da jedes einzelne Instrument in der großartigen Symphonie des Lebens gebraucht wird.

Obwohl es da etwas in dir gibt, mit dem du die Umgebung und Vererbung übertreffen kannst, sollte es wirklich auch nur einen Grund geben, dir die Natur der Werkzeuge vorzuenthalten, auf die du dich verlassen musst? Würdest du nicht lieber die vollständigsten Informationen bezüglich dieser Werkzeuge haben wollen, mit denen du dein Schicksal bestimmst? Wird derjenige, der nichts von den vor ihm liegenden Gefahren und Tücken weiß, eine bessere Gelegenheit haben als derjenige, der eine Gebrauchsanweisung hat, auf der all diese Gefahren sorgfältig aufgelistet sind?

Es bedarf übergeordneter Weisheit, um ein Hüter der Weisheit zu sein, und deine Fähigkeit zu erlangen hängt ab von deiner Fähigkeit zu erreichen. Angst wird zum Vorreiter des Aberglaubens, dem unüberwindbaren Hindernis vor der Verwirklichung.

Wenn die Sonne in einem hauptsächlichen Aspekt mit einem Planeten steht, wird die individuelle Natur dieses Planeten mit dem erdgebundenen Magnetismus zusammengeführt, wodurch der Tierkreis, der Raum, in dem sich die verschiedenen Planeten bewegen, in lösbarer Form jedes einzelne der Elemente beinhaltet, aus denen dein Körper besteht.

Die Sonne ist der Verteiler allen Lebens; sie beinhaltet somit die Essenz, aus der alle Planeten zusammengesetzt sind, wobei jeder von ihnen einen der Faktoren ausdrückt, die aus dem kosmischen System hervorgegangen sind.

Während die Schwingungen von der Sonne die Planeten erreichen, macht sich jeder von ihnen diese zueigen und verkörpert einen vorherrschenden Strahl, und während dieser besondere Strahl, der sich von Planet zu Planet unterscheidet, wieder an alle Zeichen des Tierkreises ausgesandt wird, bündelt er sich in dem bestimmten Zeichen, das von diesem Planeten beherrscht wird.

Somit agiert jeder Planet als Reflektor für einen der sieben vorherrschenden Strahlen der Sonne. Nachdem ihr Zyklus der Unterscheidung und Erfüllung vollendet wurde, sammeln sie sich wieder und werden in dem einen großen weißen Licht vereint.

Die Sonne ist das schöpferische Zentrum. Sie beinhaltet die ursprüngliche Saat des Geistes, sie ist das Unmanifestierte. Seit unfassbaren Zeiten hat sich dieses Unmanifestierte verwirklicht, und das, was sich verwirklicht hat, ist das planetarische System der göttlichen Schöpfung.

Die Sonne beinhaltet somit die Essenz aller Planeten und diese wiederum sind lediglich ein Medium, durch das und über das die Kräfte der Sonne aufgeteilt werden. Die Verwirklichung im Objektiven findet durch die Funktion des Prinzips des Aufbaus und der Unterscheidung statt. Leben ist der Vorgang, durch den sich diese ätherische Substanz —im Zentrum des Moleküls funkelnd— in Form darstellt.

Die von der Sonne empfangenen Schwingungen repräsentieren das Prinzip der Unsterblichkeit. Sie sind reines Wesen oder das Leben selbst.

Die vom Mond empfangenen Schwingungen repräsentieren das Sterbliche oder all das, was die Persönlichkeit ausmacht —alles, was sterblich ist. Somit verwirklichen sich die Schwingungen von Sonne und Mond als Geist und Materie, Seele und Körper.

Die Schwingungen vom Merkur verwirklichen sich als Intellekt oder Verstand; von der Venus als Liebe und Emotion; vom Mars als Energie und Kraft; vom Jupiter als Sympathie und Hingabe; vom Saturn als Ausdauer und Beharrlichkeit; vom Uranus als Erneuerung und Veränderung; vom Neptun als Religion und Mystik; und von der Erde als Materialismus und Zerfall.

Die Altvorderen kannten den Mond als Isis, die Königin des Himmels. Er repräsentiert die Mutter des weiblichen Prinzips des Lebens und ist in seiner Essenz weiblich. Er kann als „formgebend" bezeichnet werden.

Der Einfluss des Mondes auf die Gezeiten, auf die

Aussaat und auf alles ungeborene Leben ist der Welt seit jeher bekannt. Sein besonderer Einfluss auf Frauen ist ebenso bekannt, doch selten mit jener Tatsache in Verbindung gebracht. Auch Ärzte fangen an zu verstehen, dass Krankheiten bestimmte Zyklen der Wiederkehr haben, welche direkt der Bewegung des Mondes zugeschrieben werden können. Diese Tatsache war den Weisen des Altertums wohl bekannt.

Sein schnelles Durchlaufen des Himmels bringt die vielen, in jeder Person gefundenen Aspekte —gute wie auch schlechte— in den Brennpunkt, schlafend vielleicht, bis ein bestimmter Winkel entsteht, der Schwingungen in Bewegung setzt, welche sich außerhalb menschlicher Kontrolle befinden. Somit haben wir plötzliche Unfälle, das Entfachen ungezügelter Launen und ebenso die unvergessenen Momente der Ekstase.

Die Strahlen der Sonne werden durch die Milz unterschieden. Die unterschiedlichen Zustände der Strahlen der Sonne werden zum Lebensprinzip; es ist eine sich abwärts bewegende Kraft. Auf die gleiche Art und Weise ist der Geist eine elementare Essenz, welche sich zur Verwirklichung herab begibt, und während sie unser Gehirn durchfließt, spezialisieren wir sie oder bilden sie aus und gießen sie durch unseren Willen in die Gedankenformen, welche dann das Denken ausmachen und schlussendlich zur Tat führen.

Jeder Körper zieht jeden anderen Körper im

Verhältnis zu seiner Masse an, und umgekehrt in Übereinstimmung mit der Distanz. Aus diesem Grund hat die Sonne einen größeren Einfluss auf den Merkur als auf den Mars, mehr Einfluss auf die Venus als auf die Erde, mehr auf den Mars als auf den Jupiter, und mehr auf den Saturn als auf den Uranus.

Um dieser Situation gerecht zu werden, müssen sich die der Sonne näher liegenden Planeten schneller drehen. Somit erkennen wir, dass der Merkur sich auf seiner Umlaufbahn mit 35 Meilen pro Sekunde bewegt, die Erde mit 18 Meilen pro Sekunde, Mars mit 14 Meilen pro Sekunde, Jupiter mit acht Meilen, Uranus mit vier und Neptun mit drei.

Licht, Hitze, Töne, Farbe, Kraft, Elektrizität, Vegetation, Gesundheit, Krankheit, alle körperlichen Phänomene, die Gezeiten, das Telefon und das Radio sind lediglich Manifestationen von Schwingung, und die verschiedenen Planeten sind immense Massen aus Metall, Gasen und Chemikalien, die Schwingungen hervorrufen, für die wir empfänglich sind, genauso wie eine Radioantenne die verschiedenen Stationen empfängt.

Während die Planeten von Zeit zu Zeit ihre relative Position verändern, ändert sich auch das Verhältnis ihrer Schwingungen, und gewisse Schwingungen werden stärker, während andere wiederum abnehmen.

Aus diesem Grund wurden mit dem ersten

Atemzug, den du nahmst, jeder Faser deines Wesens magnetische Einflüsse aufgedrückt und dir diese Persönlichkeit unauslöschlich für alle Zeit eingeprägt; feinste Schwingungen, die sich immer in genauer Übereinstimmung mit der Position der verschiedenen Planeten und den sich daraus ergebenden Schwingungen verwirklichen, die im Äther zum Zeitpunkt deiner Geburt bestanden.

Somit ist es möglich, dass der Wissenschaftler, der die genaue Stunde der Geburt, den Ort und das Datum kennt, mit einer Genauigkeit, die nur durch sein persönliches Wissen und seine Erfahrung eingeschränkt ist, die genaue Position der Planeten berechnen und damit zu einem Urteil kommen kann.

Da alle Veränderungen das Resultat von Bewegung sind, gibt es drei Bewegungen, die in Betracht gezogen werden müssen.

Erstens, die Umdrehung der Erde um die Sonne. Diese ist in einem Jahr abgeschlossen.

Zweitens, die Umdrehung des Mondes um die Erde. Diese ist in einem Monat abgeschlossen.

Drittens, die Umdrehung der Erde um ihre eigene Achse. Diese ist in einem Tag abgeschlossen.

Den Zyklus der Umdrehung der Erde um die

Sonne nennen wir Tierkreis. In diesem Zyklus gibt es vier Jahreszeiten, während die Erde in die vier Kardinalzeichen eintritt: Widder um den 21. März, Krebs um den 21. Juni, Waage um den 21. September und Steinbock um den 21. Dezember.

Die vier Punkte von Sonnenaufgang, Mittag, Sonnenuntergang und Mitternacht sind Positionen deutlicher Veränderungen, weil sie darauf hinweisen, wann ein Einfluss oder eine Kombination von Einflüssen endet und ein anderer beginnt.

Der Tag beginnt mit dem Sonnenaufgang, woraufhin das Sternzeichen oder die Konstellation in sich all die Möglichkeiten trägt, welche anschließend verwirklicht werden können, und daher aufsteigend ist oder die erste Zone zu Beginn deines Lebens einnimmt, genauso wie der zukünftige Weg eines Steines durch die Menge an Energie bestimmt wird, welche ihm durch die Hand gegeben wurde, als er in die Luft geworfen wurde.

Der nächste kritische Punkt ist Mittag. Hier hat die Sonne ihre höchste Position erreicht, und die Energie, die mit dem Sonnenaufgang begann, erlangt ihren Höhepunkt. Diese Position zum Zeitpunkt der Geburt repräsentiert Macht, Erreichen, Autorität, Würde, Aufstieg, Öffentlichkeit, Ruhm und Ehre.

Die dritte Trennung ist der Sonnenuntergang, welcher das polare Gegenteil des Sonnenaufgangs darstellt. Diese beiden Punkte sind ein Paar ausgeglichener Gegensätze und repräsentieren ähnliche Bedingungen.

Der vierte Punkt ist Mitternacht. Er repräsentiert Abgeschiedenheit, Ruhe, die Zeit, wenn die psychischen und astralen Einflüsse am stärksten sind.

Astronomisch sagt man von der Sonne, dass sie ungefähr 700-mal die Masse aller Planeten zusammengenommen hat.

Der Tierkreis mit all seinen unendlichen Möglichkeiten ist der Pfad der Sonne, wie er von der Erde aus gesehen wird; und alle Planeten sind spezialisierte Zentren dieser Energie, deren Ursprung und Quelle die Sonne ist.

Das Sonnen-Fluidum ist die ätherische Atmosphäre —oder der Äther— und beschränkt sich auf das Sonnensystem; es ist das Medium zum Übertragen der durch die verschiedenen Planeten verteilten Kräfte und beinhaltet die grundlegenden Elemente allen Lebens und Denkens.

Dieser Äther ist das einzig mögliche Fluidum, das ausreichend fein ist, die delikaten Schwingungen zu tragen, welche kontinuierlich über das Radio ausgestrahlt werden, und welche Eisen, Holz, Stahl oder jedes andere Hindernis durchdringen, und welche weder durch Zeit noch Raum beschränkt sind.

Somit stellen wir fest, dass nicht nur die Sonne,

sondern auch Venus, Mars, Saturn, der Mond und alle anderen Planeten ihre eigenen besonderen Eigenschaften ausstrahlen. Dieser Einfluss wird wiederum im Charakter derjenigen widergespiegelt, die unter dem Einfluss dieser Schwingungen stehen.

Da die Natur der Energie, welche die Sonne ausstrahlt, in Übereinstimmung mit ihrer inneliegenden Natur ist, so ist die Natur der Schwingungen, die durch die Planeten ausgesendet wird, wiederum in Übereinstimmung mit ihrer inneliegenden Natur.

Seit langem wurde Venus als Göttin der Liebe betrachtet; somit sind die Eigenschaften derjenigen, die unter ihren Einfluss kommen, liebevoll, sympathisch, kultiviert und zufrieden. Mars ist seit langem als Gott des Krieges bekannt, und sein Einfluss ist somit mutig, abenteuerlich, aggressiv und furchtlos; der Einfluss des Mondes ist effektiv, empfänglich und produktiv; der des Merkur intellektuell, vollendet, fähig und clever; der des Jupiter großzügig, philanthropisch, moralisch, wohltätig und ehrlich; der des Saturn vernünftig, vorsichtig, geduldig und zurückhaltend; der des Uranus ursprünglich, erfinderisch, talentiert und intuitiv; der des Neptun idealistisch, mystisch, begeisternd und eigentümlich.

Jeder Planet hat seine eigene Schwingungsrate und sein Einfluss auf die Erde hängt von der dargestellten Anordnung —vom Winkelmaß— ab; gewisse

Anordnungen verursachen eine Beschleunigung oder Verlangsamung, Verstärkung oder Abschwächung in den Schwingungen.

Man hat festgestellt, dass die Anordnungen planetarischer Einflüsse genauso gewiss und definitiv Effekte hervorrufen, wie die verschiedenen Anordnungen in der Chemie.

Somit geben die sieben Planeten die sieben Strahlen oder Schwingungen oder Töne, und die Erde ist die Orgel, auf der diese Noten gespielt werden, und es ist Harmonie oder Dissonanz, die sich aus ihrem Einfluss ergibt, welche wir gut oder böse nennen, da die Auswirkungen angenehm oder unangenehm sind.

Es gibt sieben Nerven-Plexi, die entlang der Wirbelsäule angeordnet sind. Diese Plexen sind miteinander verbunden und fungieren als Stationen für die sieben Zentren. Diese sind:

Kreuzbeingeflecht — Saturn

Prostata/Paraurethraldrüse — Jupiter

Oberbauch — Mars

Herz — Sonne

Kehle — Venus

Stirn/Drittes Auge — Merkur

Scheitel — Mond

Sie sind die Medien für das Verteilen astraler Essenzen, von denen aus sie durch das sympathische Nervensystem an die verschiedenen Zellen des Körpers zur Umwandlung und Anpassung übertragen werden.

Ein himmlischer Übergriff drückt sich somit immer auf der geistigen und körperlichen Ebene des Egos aus.

Der Sonnenkreis ist das Prinzip des Lebens. Er strahlt nur reinstes Wesen aus. Er ist somit Einheit. Aus der Einheit wird durch bestimmte geometrische Prozesse Verschiedenheit.

Während die Planeten um die Sonne kreisen, strahlen sie Magnetismus ab, wobei die Art und der Charakter von der Natur des Planeten abhängig sind. Dieser Magnetismus wiederum führt zu chemischen und geistigen Änderungen in Übereinstimmung mit den verschiedenen Kombinationen, welche sich bilden, während sich die Planeten auf ihren bekannten Umlaufbahnen im Tierkreiszeichen bewegen.

Die Verbindung von Zink und Kupfer erschafft keine Elektrizität, sie bringt nur das zu einem Punkt der Individualisierung, was bereits überall besteht. Ebenso sind auch die Planeten nur gigantische Batterien, die sich im Raum bewegen.

Wenn somit Jupiter, der das Prinzip des Zinns repräsentiert, in einen Aspekt mit der Venus kommt, welche das Prinzip des Kupfers repräsentiert, werden die Schwingungen, die im himmlischen Magnetismus erschaffen werden, in Übereinstimmung mit den Polaritäten sein, welche die Planeten zum Zeitpunkt einer solchen Kombination besitzen; oder wenn Saturn, der das Prinzip des Bleis repräsentiert und somit kalt und negativ ist, in einen entsprechenden Aspekt mit der Sonne kommt, welche das Prinzip des Goldes repräsentiert und somit dynamisch und heiß ist, wird es zu einer riesigen Störung im vibratorischen Schwingungseinfluss kommen, und diese Dissonanz wird die Lebenskraft all derjenigen beeinflussen, die unter dem Einfluss dieser beiden Himmelskörper stehen.

Alle Impulse, die sich durch die Sinne manifestieren, und viele, die sich nicht manifestieren, finden ihren ursprünglichen Stimulus und ihre Herkunft in den planetarischen Schwingungen. Leben, so wie wir es kennen, entstammt, existiert und manifestiert sich durch Schwingungen.

Während sich die Planeten auf ihrer Umlaufbahn durch den Tierkreis bewegen, formen sie schwingungstechnische Aspekte, auf die wir reagieren, jede Person gemäß ihrer Fähigkeit.

Die planetarischen Schwingungen verschiedensten Charakters üben einen andauernden Einfluss auf uns aus, dessen wir uns vollkommen unbewusst sein mögen.

Wir entdecken somit, dass planetarische Handlungen

unseren Metabolismus leiten, ausdehnen, zusammen-
ziehen, und auch so die Qualität der körperlichen Gefühle
ändern, welche unsere Geisteshaltung herbeiführt —
wobei die Haltung den Kurs oder Charakter unserer
Taten bestimmt, welche dann wiederum unsere
Umgebung ausmachen.

Wir müssen uns daran erinnern, dass wir uns nicht
aller unserer körperlichen Reaktionen auf bestimmte
Anreize bewusst sind; auch wird nicht jeder Anreiz in
bewusstes Denken umgewandelt. In der Tat finden die
meisten unserer körperlichen Reaktionen unterbewusst
statt.

Es gibt eine direkte Beziehung zwischen Geist
und Materie. Die höheren Äste des Gedankens haben
ihren Ursprung in den höheren Organen des Gehirns,
und diese sind im Zusammenschluss mit denjenigen
Planeten, die am weitesten von der Sonne entfernt sind,
während die unteren Verzweigungen des Gedankens,
also Tatsachen und Dinge, häusliche Angelegenheiten,
Geldangelegenheiten, etc. ihren Ursprung in der Basis
des Gehirns haben und somit mit den der Sonne nahe
stehenden Planeten verbunden sind.

Je mehr wir uns der Sonne nähern, desto aktiver sind
die Planeten, und diejenigen Personen, die von ihnen
beeinflusst werden, sind entsprechend aktiver.

Ob wir uns mit der Venus als Himmelskörper oder

als vereinendem Prinzip der Liebe befassen, oder mit Saturn als Essenz der Form und dem Unterstützer der Angst, oder mit Mars als dem Element der Energie oder dem dynamischen Prinzip des Mutes, wir müssen die Identität der besonderen Bedingungen erkennen und die umfassende Feststellung begreifen, dass der universelle Geist, obwohl in seiner Essenz synthetisch, in unendlicher und vielfältiger Form ausgedrückt wird.

Licht ist gut, in welcher
    Lampe es auch scheint.
Eine Rose ist schön, in welchem
    Garten sie auch blüht.
Ein Stern hat das gleiche Strahlen,
    Ob er scheint von Osten oder Westen.
ABDUL BAHA

TEIL ZWEI

SONNENSCHWINGUNGEN

In der Offenbarung erzählt man uns, „und sieben Fackeln mit Feuer brannten vor dem Thron, das sind die sieben Geister Gottes." Diese Fackeln, die vor dem Thron brennen, sind die sieben Planeten unseres Sonnensystems.

Diese sieben Geister umfassen und entwickeln auf ewig die sieben aktiven Prinzipien des Universums.

Jeder Planet hat seine eigene besondere individuelle physikalische Kraft, und diese physische Kraft übt einen geistigen Einfluss in Übereinstimmung mit der Natur der Individualität innerhalb der Familie der Planeten aus. Saturn strahlt Substanz oder Form aus, Jupiter strahlt Macht oder Ausdruck aus, Mars strahlt Energie oder Mut aus, Venus strahlt Harmonie oder Liebe aus, Merkur strahlt Intelligenz oder Verstand aus, Uranus strahlt Genialität oder Intuition aus, Neptun strahlt spirituelle Verursachung oder Inspiration aus.

Hier sind somit die sieben immensen Kraftwerke, die alles, was ist, jemals war oder jemals sein kann, erschaffen und ausstrahlen. Wie mit den sieben Grundnoten oder Tönen jede mögliche Kombination von Musik erschaffen werden kann, so kann mit diesen sieben Grundkräften jede mögliche Kombination erschaffen werden.

Deine Fähigkeit auszudrücken ist somit schlichtweg deine Fähigkeit aufzunehmen.

Du kannst nur in dem Verhältnis geben, wie du befähigt bist, zu erhalten —nicht mehr, nicht weniger.

Du kannst nur das hervorrufen, was du in der Lage bist zu unterscheiden.

Du kannst dich nur an diejenigen Ebenen der Existenz anpassen, derer du dir bewusst bist.

Das ist wahr für alle Ebenen der Existenz: körperlich, geistig, moralisch oder spirituell.

Deine körperlichen Empfindungen hängen vom Grad deiner Empfindsamkeit ab.

Deine Sympathien gehen an diejenigen, die deine Motive schätzen können.

Du bist nur mit denjenigen in Harmonie, die sich auf deiner Ebene des intellektuellen Verständnisses befinden.

Du schätzt die Moral von anderen nur in dem Maße, wie dein eigenes Verständnis erweckt wurde.

Das Prinzip des Saturn ist in Lehrern, Philosophen, Priestern und Einsiedlern verwirklicht, all diese melancholischen und zurückhaltenden Personen, die ein einsames und zurückgezogenes Leben führen und die mehr der Überlegung als der Tat zugeneigt sind. Da die Überlegung aber vor der Tat kommt und der Gedanke vor der Sprache, so sind alle Händler, Unternehmer oder Bankiers von den Überlegungen des Erfinders, des Künstlers und des Architekten abhängig. Ebenso empfängt der Staatsmann oder Redner seine Ideen und Taktiken von dem Philosophen, der eine findend und der andere ausführend.

Durch die Beschaffenheit ihrer organischen Struktur sind die planetarischen Umlaufbahnen gigantische Batterien, durch die geistige Energien ihren Ausdruck suchen. Sie stellen Prinzipien dar, die in allen Formen materiellen Ausdrucks gleichzeitig vorhanden sind.

Der gleiche Geist, der einen Planeten in seiner Veränderlichkeit dazu anregt, gewisse Aspekte zu bilden, berührt jede Handlung in einem entsprechenden Verhältnis, weil jedes Atom ein bestimmter Ausdruck spiritueller Energie ist, ausgestattet mit einer magnetischen Reaktionsfähigkeit in perfekter Übereinstimmung mit gewissen Handlungen, die ihrer göttlichen Harmonie entsprechen. Die planetarische Zusammensetzung des Himmels zum Zeitpunkt deiner Geburt kann somit als genaues Maß deines psychischen Wertes in der universellen Ökonomie akzeptiert werden.

Aus diesem Grund hat dein Ego zum Zeitpunkt deiner Geburt nur diejenigen Einflüsse angezogen, die mit seinen spirituellen Erfordernissen übereinstimmen.

Das muss nicht notwendigerweise Fatalismus oder

Vorherbestimmung implizieren, da du an der Natur des Ganzen teilnimmst und somit potentiell unbeschränkt bist. Aus diesem Grund, wenn du ein genaues Wissen der dich umgebenden himmlischen Umstände hast, kannst du dich mit denjenigen in Bezug bringen, die aufbauend und wünschenswert sind, und diejenigen von dir weisen, die dir nachteilige Umstände bescheren könnten; während andererseits, wenn du kein Wissen um diese Bedingungen hast, welche dir die himmlischen Umlaufbahnen liefern, du blind umher treiben und als Konsequenz daraus vollkommen unvorbereitet sein wirst, um mit den Umständen erfolgreich umzugehen, wenn sie Wirklichkeit werden.

Da die verschiedenen Himmelskörper konstante Ausstrahlungen senden, die mit ihrem Charakter übereinstimmen müssen, hält der gesamte Raum nicht nur all diese Charakteristika bereit, sondern auch neuartige Charakteristika, diejenigen chemischen Änderungen, die durch die Kombination und Aufnahme der Ausstrahlungen eines oder mehrerer Himmelskörper verursacht werden.

Somit sind die Einflüsse, die dich erreichen und auf die du reagierst, magnetische Einflüsse, die durch die verschiedenen Kombinationen der Himmelskörper verursacht werden, während sie sich auf ihren verschiedenen Umlaufbahnen bewegen.

Der Kosmos beinhaltet die Summe und die Substanz

der Essenz all dieser Himmelskörper, und diese Himmelskörper beinhalten die Gesamtheit allen Seins, und da ein Teil sich nicht vom Ganzen losreißen kann, muss notwendigerweise jedes Individuum einen Teil dieser Eigenschaften in sich tragen.

Saturn repräsentiert das Form gebende Prinzip.
Jupiter repräsentiert das spirituelle Prinzip.
Mars repräsentiert das aggressive Prinzip.
Sonne repräsentiert das Leben spendende Prinzip.
Venus repräsentiert das Prinzip der Liebe.
Merkur repräsentiert das intellektuelle Prinzip.
Mond repräsentiert das emotionale Prinzip.

Diese sind die sieben Normen, die in jedem Impuls aktiv sind und welche die göttliche Essenz darstellen, die dann Zugang findet und sowohl zu Tugenden als auch zu Fehlern wird, der Zier wie auch den Perversionen allen organischen Lebens; sie sind für jegliche Manifestation von Form im Mineral-, Pflanzen- oder Tierreich verantwortlich.

Zum Zeitpunkt deiner Geburt warst du ein Tropfen aus dem Ozean des Universums und bist als solches chemisch identisch mit dem Ozean zum Zeitpunkt deiner Abstammung.

Da jedes Atom im Universum ein bestimmter Ausdruck spiritueller Energie und somit mit einer magnetischen Empfänglichkeit für Aktivitäten ausgestattet ist, welche die göttliche Harmonie darstellen, ist der Lebensmoment der psychische Schlüssel, durch den du dich deines genauen Verhältnisses zum Großen Ganzen vergewissern kannst.

Vom Eisen zum Stahl und dann zum Gold ist die Treppe, die du erklimmen musst. Leben ist ein Fortschritt, Leben ist ernst, Leben ist real —und du musst entweder dein Leben verfeinern oder wirst deinen Fortschritt verzögern.

Die Erde dreht sich in 24 Stunden um ihre eigene Achse. Somit wird klar, dass sie innerhalb eines jeden Tages das gesamte Tierkreiszeichen durchläuft. Der Tierkreis, den die Erde durchläuft, wurde in 12 Zonen unterteilt.

Diese Zonen repräsentieren die Beschränkungen oder Möglichkeiten, die dein tägliches Leben betreffen, während sich die Himmelszeichen auf die Gesamtsumme deiner Erfahrungen beziehen. Die Planeten repräsentieren die Ursachen, die abwechselnd Umstände und Erfahrungen etablieren oder entfernen.

Die erste Zone regelt deine Umgebung, deine Gestalt und deine Eigeninteressen —in einem Wort, deine Persönlichkeit.

Die zweite Zone regelt deine finanziellen Angelegenheiten und deine geldlichen Aussichten.

Die dritte Zone regelt deine Verwandten, Reisen und den allgemeinen Zustand deines objektiven Geistes.

Die vierte Zone regelt dein Haus, das Leben zu Hause, deine Eltern und die Umstände an deinem Lebensende.

Die fünfte Zone regelt deine gesellschaftlichen Angelegenheiten, deine Liebes-Angelegenheiten und deine Kinder.

Die sechste Zone regelt deine Gesundheit, deine Arbeit und deine psychischen Neigungen.

Die siebte Zone regelt deine Ehe oder Geschäftspartner und deine individuellen Qualitäten — in einem Wort, deine Individualität.

Die achte Zone regelt den Willen und Vermächtnisse, an denen du interessiert sein magst.

Die neunte Zone regelt lange Reisen, auswärtige Angelegenheiten und den allgemeinen Zustand deines subjektiven Geistes.

Die zehnte Zone regelt deinen Beruf, Ehrungen und Ambitionen, und mentale und moralische Umstände im Allgemeinen.

Die elfte Zone regelt deine Fähigkeit, Freundschaften oder Bekanntschaften zu schließen.

Die zwölfte Zone unsichtbare Ärgernisse und Unglücke, emotionale Neigungen.

Was also die körperliche Ebene anbelangt, können diese 12 Unterteilungen der Ekliptik, die wir Zonen nennen, als Kräfte bezeichnet werden, die durch den Einfluss der Sonne auf die Erde aktiviert werden. Sie sind alle Unterscheidungen kosmischer Kraft, die sich in der Aura der Erde auswirkt und durch Schwingungen aktiv gehalten wird, welche durch die Sonne in Bewegung gesetzt und durch die verschiedenen Planeten unterschieden werden. Siehe dazu die folgende Tabelle.

	Metall	Farbe	Kontrolle	Verwirklichung
Sonne	Gold	Orange	Herz	Geist
Mond	Silber	Grün	Hirn	Seele
Merkur	Quecksilber	Violett	Lungen	Intellekt
Venus	Kupfer	Gelb	Nieren	Liebe
Mars	Eisen	Rot	Galle	Energie
Jupiter	Zinn	Indigo	Leber	Beurteilung
Saturn	Blei	Blau	Milz	Gedächtnis

Es wird gezeigt werden, warum die Strahlen der Sonne in der Lage sind, sich in die sieben prismatischen Farben aufzuteilen.

Das Prinzip der Venus ist das gleiche, ob es nun als Liebe in der menschlichen Emotion oder als aktive Basis des Kupfers im Königreich der Metalle ausgedrückt wird; es wird immer auf ähnliche Schwingungen reagieren.

Das Prinzip des Merkur ist Intelligenz oder Verstand. So wie der Licht gebende Äther mit den archetypischen Ideen beeindruckt wird, so tritt der Merkur in die schwefelartige Eigenschaft des materiellen Prinzips in dir ein, welches für den Intellekt wichtig ist, und beschleunigt das Rastlose, das sich nach dem Unerreichbaren ausstreckt, das Entfalten der Sehnsüchte deiner Seele.

Der Einfluss des Jupiter macht dich überlegen, großzügig, wissbegierig, ein Freund von Naturaktivitäten.

Wenn Venus die Einfluss nehmende Kraft ist, wirst du liebevoll, nett und möglicherweise empfindsam sein; abhängig von der Ausstrahlung des Planeten zum Zeitpunkt deiner Geburt.

Wenn Saturn dein herrschender Planet ist, wirst du geduldig, zurückhaltend und sparsam sein.

Die Charakteristika, welche die Schwingungen der Planeten stimulieren, können wie folgt zusammengefasst werden.

Mars: impulsiv, mutig, aggressiv, scharfsinnig, wahrnehmend, ungeduldig und streitsüchtig.

Venus: liebevoll, freundlich, zärtlich, wohltätig, empfindsam, genussliebend, künstlerisch und gesellig.

Merkur: einfallsreich, lernbegierig, pfiffig, geistreich,

überzeugend, logisch und rednerisch.

Sonne: nobel, großzügig, treu und aufrichtig, ehrgeizig und stolz.

Mond: empfänglich, veränderlich, beeindruckbar, wechselhaft, dennoch kultiviert und erfinderisch.

Jupiter: großzügig, nobel und aufrichtig, mitfühlend und religiös, höflich, gerecht, ehrenhaft, besonnen und treu.

Saturn: scharfsinnig, besorgt, sparsam, zurückhaltend, stet und geduldig, arbeitsam, nachdenklich und von Natur aus tugendhaft.

Uranus: ursprünglich, abrupt, launisch, romantisch, bohemisch oder metaphysischer Denkweise und veralterten Geschmacks anhängend.

Neptun: übersinnlich veranlagt, emotional, romantisch, nachgiebig, verträumt, von Natur aus mystisch und weltlichen Angelegenheiten gleichgültig gegenüberstehend.

Es ist offensichtlich, dass dein Temperament, deine Gestalt und Persönlichkeit davon abhängig sind, in welcher dieser Zonen dein vorherrschender Planet gefunden wird.

Du magst dich fragen, warum bei deiner Geburt die

Sonne in der ersten Zone dir ein langes Leben bringen wird, Ehre und Lebenskraft; oder warum Merkur in der zweiten Zone dir Erfolg in literarischen und wissenschaftlichen Anstrengungen bringt; warum sollte dir Mars in der ersten Zone ein besonderes Aussehen und ein kriegerisches Verhalten geben; warum sollte Venus in der 10. Zone auf eine brillante und erfolgreiche Ehe hinweisen; warum sollte Jupiter in der vierten Zone auf Erfolg in Immobilien-Angelegenheiten hinweisen; und warum sollte Saturn in der gleichen Zone den Verlust im selben Geschäft aufzeigen?

Die Antwort lautet: Wenn das Gehirn in einer bestimmten Zone gestört wird, warum wird dadurch das Gedächtnis beeinflusst; wenn es in einer anderen Zone gestört wird, warum wird dann die Sehfähigkeit beeinflusst; und in einer anderen, warum wird dann die Fähigkeit zu überlegen außer Kraft gesetzt?

Das Gehirn besteht aus einer großen Anzahl von Nervenfasern, und die Kraft besteht nicht allein aus der Anzahl oder Größe dieser Fasern, sondern aus der Länge und somit der Eigenschaft der Schwingung; und diese Wellenlänge hängt von der Station oder der Zone ab, von der sie ausgestrahlt wird.

Schlussendlich darf nie vergessen werden, dass Wissenschaft empirisch ist, dass Ergebnisse vom Experimentieren abhängen. Ein Physiker wird dir nicht sagen, dass, wenn man einen bestimmten Teil des Gehirns entfernt, das Gedächtnis zerstört wird, bis dieses durch wirkliches Experimentieren als wahr herausgefunden wird. Gleichfalls sind auch Aussagen bezüglich der Aktivitäten der Planeten in den bestimmten Zonen keine Theorien oder Einschätzungen, sondern das Ergebnis wirklichen Wissens, welches durch die Beobachtung von Tausenden und Abertausenden Erfahrungen abgeleitet wurde, welche in Hunderten von Jahren gewonnen und klassifiziert wurden. Was aber noch interessanter ist: Solche Informationen können durch jeden und zu jeder Zeit überprüft werden, da du auf einfache Art und Weise ein Geburtshoroskop erstellen und die Auswirkungen der Planeten beobachten kannst, während sie die Zonen durchwandern. Wenn du das tust, wirst du niemals mehr die Auswirkungen des Jupiter auf deine finanziellen Angelegenheiten anzweifeln oder diejenigen der Venus auf deine gesellschaftlichen oder Liebes-Angelegenheiten.

> Je größer das Problem,
> > Desto größer der Ruhm, selbiges zu überwinden;
> Geschickte Piloten erlangen ihren Ruf,
> > Durch Sturm und Gewitter.
>
> EPICUR

TEIL DREI

GEISTIGE SCHWINGUNGEN

Energie offenbart sich in vielfältigen Erscheinungsformen, gemäß den Medien, durch die sie sich verwirklicht. Energie ist in sich eins und identisch, aber sie wird unterschieden, während sie die unterschiedlichen Substanzen oder Organismen durchdringt. Unendliche Energie ist Äther in Bewegung, oder rhythmische Schwingung. Bewusstsein ist somit das Registrieren der universellen Energie innerhalb eines lebendigen Organismus.

Wenn die Erde der Sonne zugewandt ist, erregen ihre direkten Strahlen die Nervenzellen des Körpers. Diese Erregung oder Schwingung resultiert zu dem, was wir Bewusstsein nennen.

Alle Nervenzellen besitzen Dendriten, die einander berühren und durch welche die Nervenströme von einer Zelle zur anderen übertragen werden. Diese Ströme sind für das Bewusstsein notwendig, und wenn die Dendriten diese direkten Strahlen oder Ströme nicht länger empfangen können, verkürzen sie sich spontan, so dass sie nicht länger miteinander in Kontakt kommen können. Schlaf resultiert daraus. Die Neuronen unterbrechen in der Nacht schlichtweg ihre Arbeit. Um einen populären Ausdruck zu benutzen, sie „legen den Hörer auf."

Die sensorischen Reize, die uns während des Schlafs erreichen, sind nicht von einer Natur oder einer

Intensität, die bewusste Schwingungen hervorbringt, aber sie führen oft zu Träumen. Träume dieser Art sind schlichtweg Illusionen; sie sind im normalen Leben nicht ungewöhnlich und ursächlich für viele Neurosen. Sie sind schlichtweg die fehlerhaften Interpretationen aufgenommener Reize.

Das Universum wird als aus verschiedenen Regionen oder Ebenen bestehend betrachtet, von denen die sichtbare physische Ebene eine ist. Die Erde und alles auf ihr —mit der Sonne, dem Mond und den Planeten— befindet sich auf der physischen Ebene. Die anderen Ebenen sind nicht von uns durch den Raum entfernte Sphären, sondern befinden sich innerhalb des Raumes, überall die uns bekannten Ebenen umgebend und durchdringend.

Um diese inneren Ebenen zu unterscheiden, scheint das Zweckmäßige aus sehr alten Zeiten akzeptiert worden zu sein, welches diese Ebenen nach in ihrem materiellen Zustand benannt hat, der uns bekannt ist: Erde, Wasser und Luft. Diese drei Formen von Bewusstsein entsprechen drei der auf sie bezogenen Raten der Bewegung: die der Sonne, der des Mondes und der Erde. Die Erde dreht sich an einem Tag um ihre eigene Achse. Innerhalb dieser Zeit tritt sie mit allen 12 großen Sternzeichen in Verbindung und verbleibt in jedem für die Dauer von zwei Stunden. Wir empfangen somit jede himmlische Schwingung und den sich daraus ergebenden Bewusstseinszustand.

Jedes menschliche Wesen ist grundsätzlich ein Funken des „göttlichen Lichts", und das Licht, das jeden Menschen erleuchtet, der auf die Welt kommt, der göttliche Funke, welcher die Matrix der Materie nur dann erreichen kann, wenn er mit der physischen Ebene oder den dichteren Regionen der materiellen Welt in Kontakt kommt. Die Einheit des Bewusstseins ist eine Saat, welche in die —sich ständig drehende— materielle Welt eingesetzt wurde, und an einem Tag mit 24 Stunden unter den Einfluss aller Konstellationen gelangt. Im Stier wird der Geruchssinn entwickelt. Im Zwilling wird der Berührungssinn entwickelt. Im Krebs wird der Geschmackssinn entwickelt. Im Löwen wird der Sehsinn entwickelt. Im Skorpion werden die produktiven Kräfte beschleunigt.

Nun im Besitz seiner physischen Sinne, wendet sich der Mensch dem Schützen zu, wo ihm die Qualitäten der Liebe und Hingabe gegeben werden. Dann wird er zum Steinbock getragen, dem Symbol von Tat und Dienst. Danach kommt der Wassermann, von dem er Verstand und Intuition erhält, und schlussendlich wird er unter den Einfluss der Fische gesetzt, wo ihm Weisheit und Verständnis gegeben werden.

Geist ist eine Phase umgewandelter Energie in jede Form organischer Materie. Sie ist im Molekül, wie auch in der Zelle. Diese Energie, einwirkend auf die Elemente, welche die Substanzen der Erde ausmachen, wird in die molekulare Energie umgewandelt, welche die physische

Substanzen organisiert und unterhält, insbesondere Anhaftung und Zusammenhalt. Das ist Geist in seiner ursprünglichen Form, weil das Zentrum molekularer Energie schöpferisch ist und in diesem Ausmaß eine Reaktion im Molekül impliziert, welche die Basis aller Gedanken und Gefühle ist.

Die Entwicklung des Lebens aus organischem Material ist nur eine Stufe mysteriöser als die Entwicklung irgendeiner Form von Materie aus einer anderen, da sie in der Tat von derselben Art ist, und die neuen Änderungen kaum verblüffender sind als die, die auf anderen Ebenen in der Kette der Schöpfung auftreten.

Jedes menschliche Wesen ist in sich ein Mikrokosmos. Es ist ein Universum von Zellen, jedes mit seiner individuellen Intelligenz ausgestattet. Innerhalb dieses Universums sterben diese Zellen, zahllos wie sie sind, jeden Moment zu Millionen. Der Auswurf von physischen Zellen wird aus dem menschlichen Organismus als Abfall entfernt. Der Lebensfunke in jeder Zelle wird sofort wiederhergestellt und tut dasselbe wieder und wieder, solange das menschliche System besteht. Die Intelligenz all dieser Zellen macht die Gesamtsumme der Intelligenz des menschlichen Systems aus.

Der Mensch war in seinem Verstehen unzulänglich, weil sein Gehirnempfänger bestimmte subtil schwingende Einflüsse nicht empfangen konnte; die dynamische Zelle in der grauen Materie der Nerven war nicht fein genug abgestimmt und hat nicht geantwortet.

Diese Situation kann durch eine Stimmgabel dargestellt werden, welche das individuelle oder persönliche Bewusstsein widerspiegelt. Die Stimmgabel ist auf B-Moll gestimmt. Stelle sie auf ein Klavier und spiele die Tonleiter rauf und runter, ohne den B-Moll Ton anzuschlagen, und die Stimmgabel rührt sich nicht. Schlage nun den B-Moll Ton an, auf den die Stimmgabel eingestimmt ist, und diese wird sofort anfangen zu vibrieren. Für die Stimmgabel gibt es keine der Noten auf dem Klavier, außer derjenigen, mit der sie übereinstimmt.

Nenne die durch das Klavier angeschlagenen Töne Vorschläge. Der einzige Vorschlag, der einen Einfluss auf die Stimmgabel hat, ist derjenige, der mit ihrer eigenen Tonhöhe übereinstimmt. Es ist nicht das Klavier, sondern die Tonhöhe der Stimmgabel, welche bestimmt, ob die Stimmgabel vibrieren wird oder nicht. Auch schwingt die Stimmgabel nicht deshalb, weil sie sich in der Nähe eines besonderen Klaviers befindet und durch die Besonderheiten dieses Klaviers berührt wird. Lasse den B-Moll Ton auf einer Violine erklingen oder auf einer Blechpfanne, die Stimmgabel wird genauso bereitwillig vibrieren. Die Macht, die dem Vorschlag gegeben wurde, gründet sich nicht im Instrument, sondern in der Tonhöhe der Stimmgabel.

Nimm an, dass jemand den Wunsch hat, die Empfänglichkeit der Stimmgabel auf dem B-Moll Ton zu zerstören, da er sieht, dass die Stimmgabel vibriert, wenn der B-Moll Ton auf dem Klavier angeschlagen wird —was wäre für ihn natürlicher als daraus zu schließen, dass allein das Klavier für das Verhalten der Stimmgabel verantwortlich ist, und aus dieser Annahme schließt, das durch ein Wegnehmen des Klaviers oder durch ein Entfernen der Stimmgabel aus der Umgebung des Klaviers das gewünschte Resultat erreicht wird und die Stimmgabel nicht länger durch den B-Moll Ton beeinflusst wird. Die Empfindlichkeit der Stimmgabel für den B-Moll Ton hat nichts mit ihrer Umgebung zu tun und keinerlei Manipulationen der Umgebung können auch nur irgendeinen Effekt herbeiführen. Es gibt nur einen Weg, auf der Stimmgabel den B-Moll Ton nicht mehr erklingen zu lassen, und das wird dadurch erreicht, dass man ihre Tonhöhe ändert.

Persönliches Bewusstsein ist wie eine Stimmgabel. Sie hat eine bestimmte Tonhöhe. Diese Tonhöhe wird dir zum Zeitpunkt deiner Geburt gegeben, und all die Elemente, die deine besondere Natur ausmachen, bestimmen den Grad der Empfänglichkeit auf Vorschläge von außen. Die große Bandbreite von möglichen Vorschlägen unter der Klassifizierung von Vererbung und Umgebung, Persönlichkeit oder Rasse bedeutet dem persönlichen Bewusstsein nichts, es sei denn, Elemente oder Qualitäten werden präsentiert, welche für dieses bestimmte Bewusstsein real wirken.

Dann wird der persönliche Sinn reagieren, indem er den Vorschlag akzeptiert und die Eigenschaften des Vorschlages verwirklicht.

Es gibt eine Ebene des Denkens, welche die tierische Ebene genannt wird. Hier gibt es die Aktionen und Interaktionen, auf die Tiere reagieren, von denen Menschen jedoch nichts wissen. Des Weiteren haben wir die bewusste Gedankenebene. Hier gibt es fast unzählige Ebenen des Gedankens, auf die wir antworten könnten. Es ist strikt genommen die Natur unseres Denkens, die bestimmt, auf welcher Ebene wir antworten. Auf diesen Ebenen finden wir die Gedanken der Ignoranten, der Weisen, der Armen und dergleichen. Die Anzahl der Gedankenebenen ist unendlich, aber der Punkt ist der, dass, wenn wir auf einer bestimmten Ebene denken, wir auf die Gedanken dieser Ebene und auf die Auswirkung der Reaktion auf dieser Ebene in unserer Umgebung antworten.

Bewusstsein ist positiv, aktiv, wechselhaft und nach außen strebend; und Aktivität, Wille in Bewegung, Wollen und Begehren darauf zutreffende Begriffe. In vielen Fällen ist es lediglich eine Reaktion seitens der Umgebung; zum Beispiel ist Nahrung ein Teil der Umgebung und das Abweisen von Nahrung ist eine Reaktion gegen die Umgebung. Das wird manchmal Wille genannt, aber es ist nicht das gleiche wie der metaphysische Wille, welcher von innen gesteuert wird, beeinflusst durch Anziehung und Abstoßung in der Umgebung.

Beziehung ist somit die Essenz dieses Aspekts von Bewusstsein; und genauso wie es zwei Handlungsarten gibt, eine die trennt und eine die vereint, und genauso wie es zwei Arten von Gefühlen gibt, die eine übereinstimmend, die andere widersprechend, so gibt es zwei Arten von Beziehungen, die der Ähnlichkeit und der Verschiedenheit.

Es ist bewiesen, dass Handlungen, die trennen, Gefühle, die widersprechen, und Beziehungen der Verschiedenheit alle offensichtlich trennend und individualisierend sind, und mit dem absteigenden Ast korrespondieren, während vereinende Handlungen, Gefühle, die übereinstimmen, und Beziehungen, die ähnlich sind, einheitlicher und aufbauender Natur sind.

Um dich herum, als Zentrum, dreht sich die äußere Welt. Organisiertes Leben, Menschen, Gedanken, Töne, Licht, das Universum selber mit seinen unzähligen Millionen an Phänomenen senden dir Schwingungen entgegen: Schwingungen der Liebe, des Hasses, gute und schlechte Gedanken, weise und dumme, wahr und unwahre.

Diese Schwingungen sind auf dich gezielt —durch das Kleinste wie auch durch das Größte, das Weiteste und das Nächste. Einige von ihnen erreichen dich, aber der Rest geht an dir vorbei und ist, was dich anbelangt, verloren.

Einige dieser Schwingungen sind für deine

Gesundheit, deine Kraft, deinen Erfolg und deine
Glückseligkeit wichtig. Wie kommt es, dass sie an dir
vorüberziehen?

Luther Burbank sagte einmal: „Wir fangen gerade
erst an, uns klar zu machen, was für eine wunderbare
Maschine das menschliche Gehirn ist. Wir stehen an
der Schwelle des Wissens, doch bis gestern befanden
wir uns außerhalb davon. Die menschliche Rasse hat
ausgesendet und empfangen, vielleicht für Millionen von
Jahren ohne es zu wissen, und hat die ganze Zeit unter
den schlechten Gedanken gelitten, die ausgesendet
wurden. Das Radio, obwohl lediglich ein sehr einfaches
Instrument im Vergleich zum menschlichen Gehirn,
hilft uns zu verstehen, was das Gehirn in der ganzen Zeit
getan hat.“

„Diejenigen, denen das Radio bekannt ist,
wissen was Stören ist —das Überfluten eines engen
Frequenzbereiches mit einer großen Anzahl von
Sendern, die alle gleichzeitig operieren. Da wir alle,
jedes Mal wenn wir denken, etwas übertragen, ist es
offensichtlich, dass das Stören in Bandbreitenbereichen
durch Radiostationen nichts im Vergleich zu dem Lärm
ist, welcher von Milliarden menschlicher Gehirne
hervorgebracht wird. In Verbindung mit dem Äther
über einer stillen Marschlandschaft scheint Lärm ein
Fremdwort zu sein, aber diejenigen, die wissen, wie das
Einstellen eines Radioempfängers funktioniert, werden
verstehen. Ganz gleich, wieviel Störung stattfindet, der
Radioempfänger ist still wie ein Grab, bis er eingestellt

und durch das Erschaffen von Harmonie in ihm selbst in Resonanz gebracht wird. Die vormalige Ruhe kann sich dann zu etwas verändern, was sich fast wie Geschrei anhört."

„Während jeder gleichzeitig aussendet, folgt daraus, dass der Äther die Resonanzkammer sein muss, in die jegliche Art menschlichen Denkens hinein gestopft wird. Da wir nicht mit derselben Intensität aussenden, folgt daraus, dass die schwächeren Schwingungen durch die stärkeren unterdrückt werden. Schwache Gedanken müssen bald verfallen, während die starken bis zum Ende der Erde reichen. Aber es erscheint logisch anzunehmen, dass Gedanken, die gemeinsam von Millionen gehalten werden, aufgrund ihrer identischen Natur zu einem gewaltigen Chor anschwellen, auch wenn die menschlichen Stationen individuell keine sehr starken Sender sein mögen."

Mit Leichtigkeit erkennen wir die drei Erscheinungsformen des Bewusstseins, zwischen denen enorme Unterschiede bestehen.

1. Einfaches Bewusstsein, welches allen Tieren gemein ist. Es ist der Sinn der Existenz, durch den wir erkennen, dass „wir sind" und dass „wir da sind, wo wir sind", und durch den wir die verschiedenen Objekte und verschiedenen Szenen und Umstände wahrnehmen.

2. Selbstbewusstsein, von aller Menschheit besessen, mit der Ausnahme von Kleinkindern und den geistig

Schwachen. Dieses verschafft uns die Macht der Selbstbetrachtung, die Auswirkung der äußeren Welt auf die innere Welt. „Das Selbst betrachtet sich selbst." Neben anderen Resultaten wurde so auch Sprache erschaffen, jedes Wort ein Symbol für einen Gedanken oder eine Idee stehend.

3. Kosmisches Bewusstsein. Diese Form von Bewusstsein befindet sich genauso oberhalb des Selbstbewusstseins wie das Selbstbewusstsein sich oberhalb des einfachen Bewusstseins befindet. Es unterscheidet sich von beiden genauso wie sich das Sehen vom Hören oder von der Berührung unterscheidet.

Weder durch das einfache Bewusstsein noch durch das Selbstbewusstsein kann man eine Ahnung des kosmischen Bewusstseins erlangen. Es gleicht weder mehr dem einen noch dem anderen, etwa wie Sehen im Vergleich zum Hören. Ein tauber Mann kann niemals mithilfe seiner Sehschärfe oder seines Tastsinns den Wert der Musik erlernen.

Kosmisches Bewusstsein beinhaltet alle Formen von Bewusstsein. Es überschreitet Zeit und Raum, da außerhalb vom Körper und der Welt der Materie diese nicht existieren.

Das unveränderliche Gesetz des Bewusstseins lautet: Der Grad, zu welchem das Bewusstsein entwickelt ist, entspricht der Entwicklung der Macht im Subjektiven und ihrer schlussendlichen Verwirklichung im Objektiven.

Kosmisches Bewusstsein ist das Ergebnis der Schöpfung aller notwendigen Bedingungen, damit der universelle Geist in die gewünschte Richtung tätig werden kann.

Wenn du die Anwendung des Gesetzes der Schwingung in der Gedankenwelt nicht verstehst; wenn du nicht weißt, wie du die Schwingungsrate verändern sollst, erinnere dich daran, dass jeder Gedanke die Schwingungsrate ändert. Während du größere, tiefersinnigere, höhere und kräftigere Gedanken denkst, verfeinern sich die Gehirnzellen, sie werden kraftvoller und fähiger, feinere Schwingungen zu empfangen.

Das ist nicht nur in der geistigen Welt wahr, sondern auch in der physischen Welt. Während das Ohr in der Musik trainiert wird, wird es befähigt, feinere Schwingungen zu hören, bis der trainierte Musiker Harmonien von Tönen wahrnehmen kann, derer sich eine gewöhnliche Person vollkommen unbewusst ist.

Planetarische Schwingungen wirken sich hauptsächlich auf das Nervensystem aus, welches durch den Planeten Merkur geregelt wird oder darauf antwortet. Das Nervensystem ist der Überträger des Geistes, und durch den Geist werden die intelligenten Impulse übertragen, die wissen, wie die Handlungen der verschiedenen Organe des Körpers geleitet werden müssen, damit eine entsprechende Reaktion innerhalb der ausgewählten Organe hervorgerufen wird und ihre Funktionen einbezogen werden.

Wenn du stark sein möchtest, wirkt der unterbewusste Geist auf die ihm angezeigte Neigung, und du wirst unbewusst diejenigen Dinge tun, die Stärke darstellen. Jeder Gedanke findet Ausdruck in dem Grad seines eigenen Monopols, somit: Wenn du dir wirklich Stärke wünschst und sie willst, musst du den Gedanken der Stärke Form geben, Sinn und Kraft —du musst dem Gedanken der Stärke ein Monopol verschaffen.

Das allgemeine Prinzip, durch das eine Idee erhalten wird, ist wie alle Phänomene der Natur schwingungstechnischer Art. Jeder Gedanke verursacht eine Schwingung, die sich in Wellenkreisen ausdehnt und zusammenzieht, so wie die Wellen in einem Teich, in den ein Stein geworfen wurde. Wellen anderer Gedanken mögen ihm entgegenwirken, oder er mag letztendlich an seiner eigenen Lieblosigkeit zu Grunde gehen.

Unterbewusstes Denken wird von jedem entsprechenden Organ des Körpers empfangen, und denke an den Mechanismus, mit dem du ausgestattet bist, welcher den empfangenen Gedanken zum Objekt werden lassen kann und wird. Zunächst die Millionen Zell-Chemiker, bereit und darauf wartend, alle erhaltenen Anweisungen auszuführen. Danach das komplette System der Kommunikation, bestehend aus dem riesigen sympathischen Nervensystem, welches jede Faser deines Wesens erreicht, bereit auf die leichteste Erregung der Freude oder Angst, der Hoffnung oder Verzweiflung, des

Mutes oder der Machtlosigkeit zu reagieren.

Und danach das vollständige Schöpfungswerk, welches aus einer Reihe von Drüsen besteht, in denen alle Ausscheidungen zum Nutzen der Chemiker in der Ausführung der ihnen gegebenen Anweisungen hergestellt werden.

Dann der komplette Verdauungstrakt, wo Essen, Wasser und Luft in Blut, Knochen, Haut, Haare und Nägel umgewandelt werden.

Schlussendlich, die Verteilungsabteilung, die kontinuierlich eine Menge an Sauerstoff, Stickstoff und Äther in jeden Teil des Körpers schickt, wobei das Wunder des Ganzen jenes ist, dass der Äther potenziell alles Notwendige für die Anwendung des Chemikers bereithält, da der Äther in reiner Form —und Essen, Wasser und Luft in sekundärer Form— jedes Element beinhaltet, welches zur Herstellung eines perfekten Individuums benötigt wird.

Du bist auch mit einer vollständigen Ausrüstung zur Ausscheidung von Abfallstoffen und sinnlosem Material ausgestattet, ebenso wie mit einer vollständigen Reparaturabteilung. Hinzu kommt, dass du ein vollständiges System drahtloser Übertragung hast, durch das du mit jeder anderen bestehenden unterbewussten Einheit verbunden bist.

Gewöhnlich bist du dir dieses drahtlosen Betriebs

nicht bewusst, aber derselbe ist ebenso zutreffend, wie er für den Betrieb eines Radios zutreffend ist.

Es mag Musik jeglicher Art in der Luft liegen, aber bevor du nicht Gebrauch eines Verstärkers machst, empfängst du keine Nachricht. So verhält es sich auch mit deinem unterbewussten Radio. Bevor du nicht versuchst, das Bewusste und Unterbewusste zu koordinieren, wird dir nicht klar werden, dass das Unterbewusste andauernd Nachrichten einer bestimmten Art empfängt und diese Nachrichten in deinem Leben und in deiner Umgebung kontinuierlich zum Ausdruck bringt.

Versuche folgende Übung:

Lege dich hin und sei still. Entspanne deinen Körper und deinen Geist vollständig. Atme ruhig. Wenn der Geist angespannt ist, können keine Ergebnisse erzielt werden.

Der Geist muss sich zum Fließen der Eingebung vollkommen entspannen.

Früher oder später wird dein Körper von einem warmen, magnetischen Gefühl durchtränkt.

Während du damit fortfährst, wirst du die Wahrnehmung für deinen Körper vollständig verlieren. Das Atmen wird flacher und flacher. Schlussendlich gibt es kein bewusstes Atmen mehr.

Du befindest dich in der Ruhe; du kannst gehen, wohin du willst, und zurückkehren, wann du willst.

Du kannst im Geiste durch die subjektive Welt der Gedanken reisen.

Du bist im Einklang mit dem kosmischen Bewusstsein.

Du bist im Einklang mit dem Unendlichen.

DU.

Du bist vollkommen, perfekt, stark und mächtig.
Du bist uneingeschränkt, ungebunden, erfolgreich, frei.
Du bist makellos, furchtlos, mutig, unerschrocken und siegreich!
Du bist jugendlich, energetisch, humorvoll, blühend und prächtig.
Du bist aktiv, tatkräftig, schwungvoll, unabhängig und weise.
Du bist loyal, taktvoll, aufmerksam, zufrieden und umsichtig.
Du bist erneuert, verjüngt, erholt, inspiriert und transformiert.
Du bist erquickt, gestärkt, liebevoll, harmonisch und glücklich —
ja, wunderbar glücklich.
Du hast das Elixier des Lebens gefunden — den Stein der Weisen
— das überschwängliche Leben — die Quelle ewiger Jugend.

HERMES TRISMEGISTOS

TEIL VIER

ELEKTRISCHE SCHWINGUNGEN

Die einzige bedeutsame Theorie, die jemals aufgestellt wurde, um die Eigenschaften der Elektrizität zu erklären, ist die von Faraday; diese Theorie besagt, dass die Regionen, welche geladene Teilchen umgeben, mit Feldlinien durchzogen sind, deren Enden den Teilchen anhaften und mit Elektrizität gegenseitiger Polarität geladen sind.

Lodge betrachtete das Elektron als Punktladung einer Art körperlosen Elektrizität und nichts anderem; das schwingende Teilchen ist ein Bestandteil des Atoms, aber daselbst besitzt es keinen physischen Kern. Er ist für die Theorie verantwortlich, dass alle Materie elektrischer Natur ist, und es gibt mittlerweile keinen Wissenschaftler mehr, die die Wahrheit bezüglich der Zusammensetzung von Materie in Übereinstimmung mit dieser Theorie anzweifelt.

Die Erde ist ein riesiger Magnet, der durch die Sonne elektrisiert wird, und die Impulse, Gefühle und verschiedenen Bewusstseinsstufen eines jeden Lebewesens hängen von den Schwingungen ab, die es kontinuierlich von den Planeten erhält. Die Planeten selbst sind riesige Magneten, aber von verschiedener Größe und unterschiedlicher Zusammensetzung, wobei auch jeder von ihnen durch die Sonne elektrisiert wird.

Wenn ein Kupferdraht spiralförmig um eine

Eisenstange gewickelt und elektrischer Strom durch den Draht geschickt wird, wird die Stange in diesem Moment zu einem Magneten. Wenn die Stange mit ihrem spiralförmig gewickelten Draht auf einem Punkt balanciert wird oder horizontal an einem Faden hängt, so dass sie herumschwenken kann, wird sie wie ein permanenter Magnet nach Norden und Süden zeigen.

Eine leere Kupferdrahtspirale, ohne eine durchgeschobene Eisenstange, verhält sich auf genau die gleiche Art und Weise, wenn ein elektrischer Strom durch den Draht geschickt wird und sie so ausbalanciert ist, dass sie schwingen kann. Sie wird solange nach Norden und Süden zeigen, wie ein Strom fließt, und das Ende, das nach Süden zeigt, ist jenes, an dem der Strom um die Spirale sich in die gleiche Richtung bewegt, wie die Zeiger auf einer Uhr.

Im Magnetismus stoßen sich gleiche Pole ab und ungleiche Pole ziehen sich an. Der Nordpol eines Magneten wird den Nordpol einer magnetischen Nadel abstoßen, aber den Südpol der Nadel anziehen.

Weil die Kompassnadel ein permanenter Magnet ist, ist die offensichtliche Schlussfolgerung aus der Tatsache, dass sie nach Norden und Süden zeigt, diejenige, dass der Magnetismus am Nordpol der Erde ähnlich der Natur und Flussrichtung des elektrischen Stromes sein muss wie das nach Süden zeigende Ende der Nadel oder des Stabmagneten. Magnetische Anziehung impliziert Gegensätze; somit muss der Magnetismus am Nordpol der Erde gegensätzlich zu dem des nach Norden zeigenden Endes des Magneten sein. In der Tat verhält sich die Erde, als wäre ein riesiger Stabmagnet durch ihre Achse geschoben worden; der Südpol des Magneten befindet sich dabei am Nordpol der Erde.

Daraus folgt, dass elektrische Ströme spiralförmig um die Erde von Pol zu Pol reisen. Wenn wir von oben auf den Nordpol der Erde schauen würden und diese Ströme sehen könnten, würden sie sich in dieselbe Richtung bewegen wie die Zeiger einer Uhr; das soll heißen, sie würden sich genauso wie die Sonne, der Mond und die Planeten verhalten —im Osten aufgehen, den Meridian durchschreiten und im Westen untergehen.

Alle elektrische Energie hat ihren Ursprung in der Sonne, die das Zentrum allen Lebens, aller Kraft und Energie ist und die positive und ursprüngliche Quelle aller Existenz darstellt. In der Sonne befinden sich alle Farben des solaren Spektrums. Jede Form der Existenz, die im Sonnensystem erscheint, wird in diesen Strahlen gebadet, aus denen das Leben hervorgeht, welches dann das Zentrum ihrer Existenz darstellt.

Der Mond repräsentiert den negativen Einfluss, sein Licht jenes darstellend, welches von der Sonne ausgeliehen wurde; er hat kein eigenes Licht, mit Ausnahme dessen, was er als Reflektor sammelt.

Wir können uns die Sonne als Symbol des Geistes vorstellen und den Mond als Symbol der Materie, beide sich im Einklang verhaltend als Geist und Materie oder Leben und Form.

Die der Sonne nahe stehenden Planeten sind diejenigen, die sich am schnellsten bewegen. Für eine Umrundung um die Sonne benötigen sie die geringste Zeit, sie reisen durch den Raum mit der höchsten Geschwindigkeit. Wenn wir uns von der Sonne entfernen und uns der Umlaufbahn des Neptun nähern, nimmt die Aktivität der Planeten stufenweise ab. Somit reist der Merkur durch den Raum mit einer Geschwindigkeit von 29,3 Meilen pro Sekunde und braucht für eine Sonnenumrundung ungefähr 87 Tage, während Neptun, der am weitesten entfernte Planet, eine Geschwindigkeit von ungefähr dreieinhalb Meilen pro Sekunde aufweist und 165 Jahre für eine Sonnenumrundung braucht. Unsere Erde reist mit einer Geschwindigkeit von 19 Meilen pro Sekunde und ist somit 75-mal schneller als eine Kanonenkugel.

Der Merkur hat einen Durchmesser von ungefähr 3000 Meilen oder 3/8 des Durchmessers der Erde. Seine durchschnittliche Entfernung von der Sonne beträgt 35.393.000 Meilen. Seine Umlaufbahn ist die elliptischste der Planeten; manchmal nähert sie sich der Sonne auf 28.153.000 Meilen, und zu anderen Zeiten ist sie 42.669.000 Meilen entfernt.

Er ist von Natur aus veränderlich und wird durch den Planeten, mit dem er in Konjunktion steht, beeinflusst, denn außerhalb jeglichen Einflusses, ist der Merkur veränderlich, kalt, trocken —ein „merkurischer" Planet eben.

Diejenigen, die unter seinem Einfluss geboren wurden, reagieren extrem empfindlich auf den Anstieg oder den Fall atmosphärischen Druckes. Der Körper wird leicht durch die Umgebung beeinflusst und ist somit offen für Gefühle des Wohlbefindens oder des Unbehagens, abhängig von den bestehenden Umständen. Auf körperlicher Ebene regelt der Merkur das Gehirn, die Nerven, den Verdauungstrakt, Arme und Hände, Mund, Zunge und Lungen. Sein Temperament ist erregbar, sehr schnell und aktiv, sehr wechselhaft und manchmal hoch nervös.

Merkur wurde auch der „Götterbote" genannt und er scheint eine spezielle Position inne zu haben, in deren Ausübung er Informationen eines jeden Planeten an die Sonne übermittelt. Er ist der große geistige Herrscher, da wir ohne den Einfluss des Merkur ohne Gedächtnis und wahrscheinlich ohne Sprache wären, sowie auch ohne alle anderen Möglichkeiten des Ausdrucks.

Der Merkur ist somit der große Schauspieler auf der Bühne des Lebens.

Die Umlaufbahn der Venus liegt, wie die des Merkur, innerhalb der Umlaufbahn der Erde; und wie der Merkur ist sie manchmal ein Abendstern und manchmal ein

Morgenstern. Obwohl ihre Umlaufbahn größer als die des Merkur ist, entfernt sie sich aber nie mehr als 48° von der Sonne.

Die Venus vollendet eine siderische Umrundung in ungefähr 225 Tagen. Der Durchmesser der Venus beträgt 7510 Meilen; ihre Distanz von der Sonne beträgt 66.586.000 Meilen.

Die Venus ist der schönste Planet im Sonnensystem. Er beeinflusst das Vergnügen, die Fröhlichkeit und die Zuneigung.

Venus ist entschiedener Maßen ein weiblicher Planet und herrscht über all die Angelegenheiten, die Frauen anbelangen, wie auch das anhaftende, bewahrende, nährende und nachhaltige Element; sie hat somit den größten Einfluss auf weibliche Angelegenheiten. Sie bringt all die künstlerischen, idealistischen und musikalischen Fähigkeiten hervor. Sie waltet über die höheren Emotionen und die veredelten Wünsche, wie auch über die sinnlichen Gefühle. Empfindung und genussvolle Wünsche regelt die Venus-Natur, und wo immer Heiterkeit, Genuss und Freude erlebt werden, haben die Schwingungen der Venus einen entscheidenden Einfluss. Auch sie wird durch die Aspekte anderer Planeten beeinflusst, wobei die Gefühle und Emotionen gemäß der Natur der Planeten, mit denen sie im Aspekt steht, entweder unterdrückt oder verstärkt werden.

Die typische Venus-Frau ist in jeglicher Hinsicht wohl entwickelt, mittelgroß und von wunderschöner Haut. Ihre Gesichtsfarbe ist klar und attraktiv, die Augen sehr hell und strahlend, mit der Neigung dunkelblau oder haselnussfarbig zu sein, und sie ist voller Gefühle. Die Farbe der Augen und Haare wird durch die im Aspekt mit der Venus stehenden Planeten beeinflusst. Das Gesicht ist freudvoll und angenehm, die Stimme sanft und süß. Die reine Venus-Frau hat einen unwiderstehlichen Charme und scheint dazu bestimmt zu sein, all die Liebe und die Neigung derer hervorzubringen, die sie umgeben.

Körperlich verleiht die Venus eine schöne Form, klare Haut, feines Haar, festes Fleisch, welches für gewöhnlich gesund ist.

Geistig verleiht sie eine Schätzung der feineren Künste, ist aber dem Studium und intellektuellen Aufgaben weniger zugeneigt; diejenigen, die unter ihrem Einfluss geboren wurden, werden mehr durch ihre Gefühle geleitet als durch Gedanken oder den Verstand. Die moralischen Qualitäten sind manchmal eher schlafend, und das Venus-Temperament trachtet danach, seine Wünsche schnell und leicht auf die einfachste Art und Weise zu erlangen, und strikte Moral —oder manchmal sogar Verstand— werden oft außer acht gelassen, wenn es sich um solche Wünsche dreht.

Das Venus-Gemüt ist freudvoll, heiter, großzügig,

leichtherzig und manchmal sehr humorvoll. Unter dem Zeichen der Venus geborene Männer sind umgänglich, höflich, nett und sympathisch, auch manchmal verweiblicht. Die Venus regelt nur die Gefühle und Emotionen, und diese Gefühle und Emotionen werden durch die Planeten beeinträchtigt, welche zum Zeitpunkt der Geburt mit der Venus im Aspekt stehen oder sie beeinflussen.

Mars ist der erste der höheren Planeten; und höher bedeutet, dass seine Umlaufbahn außerhalb der Umlaufbahn der Erde liegt.

Mars dreht sich um seine Achse in 24 Stunden und 37 Minuten und braucht für eine Umrundung der Sonne zwei Jahre minus sechs Wochen.

Die Natur des Planeten Mars ist heiß und expansiv, sein Einfluss somit vollständig anders als jener der Venus. Letztere regelt all das, welches sanft, weich und fühlend ist, während der Mars all das regelt, was kräftig, harsch und oft gefühlsarm ist. Dieser Planet ist auch freier von dem Einfluss anderer Planeten und hat somit selbst eine größere eigene Auswirkung —Mars als Repräsentation des männlichen Geschlechts, Venus als Repräsentation des weiblichen Geschlechts.

Der Mars-Mann ist von mittlerer Höhe und Statur, mit einem runden Gesicht und rötlicher Hautfarbe, scharfen hellen Augen, oft haselnussbraun, einem guten, gesunden Körperbau und mit einem insgesamt prächtigen maskulinen Organismus.

Körperlich regelt der Mars das externe Fortpflanzungssystem, das Muskelsystem, wie auch alles andere im Körper, das mit Bewegung und Aktion zu tun hat.

Geistig waltet der Mars über alle Abenteuer, Unternehmungen und Heldentaten. Der Einfluss des Mars ist wagemutig, kriegerisch, furchtlos und risikofreudig. In allem, wo Schneid, Kraft und Energie verlangt werden, wird der Mars-Mann vorne stehen; immer bereit zu verteidigen, er wird nicht zögern anzugreifen, wenn die Situation scheinbar nach Handlung verlangt.

Das Gemüt des Mars-Mannes ist großzügig, selbstbewusst und zuversichtlich; schnell erbost handelt er oft unüberlegt und ist immer dazu geneigt, eigensinnig zu handeln. Sie sind die ersten in jeder mutigen Tat, oft ohne Rücksicht auf Konsequenzen.

Der nächste Planet außerhalb der Umlaufbahn des Mars ist Jupiter.

Mit bloßem Auge scheint Jupiter ein Stern erster Ordnung zu sein. Sein Licht ist konstant und funkelt nur wenig. Dieser riesige Planet hat einen Durchmesser von 85.000 Meilen und ist somit ungefähr 1300-mal größer als die Erde.

Der Umfang des Jupiter mit fast 268.000 Meilen ist somit mehr als zehnmal so groß wie der Umfang der Erde.

Jupiter ist allgemein bekannt als der Planet des Glücks. Jede Schwingung des Planeten ist harmonisch, und all diejenigen, die voll und ganz in die Umstände dieses Planeten eingetreten sind, sind die Essenz des Friedens, der Moral und Gerechtigkeit, welche schlussendlich mit Sympathie und Mitgefühl verbunden wird. Alle Personen, die unter dem Einfluss dieses wohlwollenden Planeten stehen, sind hoffnungsvoll, fröhlich, aufrichtig, ehrlich und warmherzig. Jupiter-Individuen stechen durch ihre nüchterne, aufrichtige, offene und anziehende Erscheinung heraus. Sie sind von voller Statur, mit hoher Stirn und besitzen einen ausschweifenden Haarwuchs. Sie zeigen gewöhnlich ihren wahren Stolz und ihre Würde, aber niemals verachtend oder arrogant, sondern es geht gut einher mit einer Natur, die wohlwollend und großzügig ist, bereit, Gutes zu tun und anderen einen Nutzen zu erbringen.

Der Einfluss des Jupiter stellt sich durch wohl überlegte Ambitionen, großherzige Taten und sympathische Gefühle für das Wohl der Menschheit dar. Der wahre Jupiter-Mann ist meist weich und sanft und zur gleichen Zeit der männlichste und nobelste aller Gemüter. Die wünschenswertesten Werte werden in diesem Gemüt gefunden; eine noble Natur, immer ehrenhaft waltend, immer dankbar und zu allen, hoch oder niedrig, wahrhaft höflich, jemand, der immer glücklich, friedlich und offenherzig ist.

Jupiter ist „das größere Glück", der gütigste aller Planeten. Ohne seinen Einfluss gäbe es keine wahre Freude. Die Schwingungen des Jupiter bringen Freude und den Wunsch, hilfreich zu sein.

Noch weiter von der Sonne entfernt befindet sich der Saturn. Saturn ist ein Planet, der sich in jeglicher Hinsicht von den vier, die wir bisher betrachtet haben, unterscheidet. Von Natur aus ist der Planet kalt, begrenzend, beschränkend und bindend.

Körperlich waltet der Saturn über die Knochenstruktur. Diejenigen, die unter dem Einfluss des Saturn geboren wurden, sind gewöhnlich schlank, von mittlerer Größe, schmaler Stirn, kleinen Augen und von blasser Haut. Das Haar ist gewöhnlich sehr dunkel und manchmal schwarz.

Geistig regelt der Saturn die gedankenvollen, meditativen Neigungen, und macht den Geist langsam, vorsichtig, methodisch, geduldig, überlegend, zurückhaltend und lernbegierig.

Moralisch gibt der Saturn Gerechtigkeit und bevorzugt all diejenigen, die tugendhaft, asketisch, reinen Geistes, genügsam und umsichtig sind.

Im Gemüt sind Saturn-Personen ernst und nüchtern, mit dem Hang, wenig zu reden, aber wenn verlangt, Worten großen Gewichts Ausdruck zu verleihen. Sie haben einen Hang zu zweifeln und zu befürchten, aber ihr Gemüt neigt sich zu dem treuen und dauerhaften, zuverlässigen, fleißigen und durchhaltenden.

Der Saturn dreht sich um seine Achse in zehneinhalb Stunden und braucht fast 30 Jahre um einmal die Sonne zu umkreisen. Der durchschnittliche Durchmesser des Saturn beträgt ungefähr 70.100 Meilen oder ist 746-mal größer als die Erde. Er ist 28.137.000 Meilen entfernt und leuchtet als Stern erster Ordnung.

Der Planet Uranus stimmt die höchste Oktave an, auf die wir gegenwärtig in der Lage sind zu reagieren. In der Tat gibt es eine große Anzahl von Menschen, die gegenwärtig nicht in der Lage sind, auf die Schwingungen des Uranus zu antworten. Seine Macht wird durch diejenigen dargestellt, die heutzutage nicht durch herkömmliche Gesetze eingeschränkt sind, sondern die ihre eigenen Ideen haben, frei von persönlicher Beeinflussung und öffentlicher Meinung sind.

Körperlich reagiert der Uranus auf die Nerven und diese sind die magnetischen Umstände. Jeden einzelnen Menschen umgibt das, was wir eine Aura nennen, welche ein magnetisches Feld ist. Uranus beherrscht diese Aura.

Bei Intellektuellen herrscht der Uranus über die erfinderischen und genialen Fähigkeiten und bevorzugt die romantische, bohemische und ungewöhnliche Seite des Lebens, und alle Qualitäten, die einzigartig und originell sind, wie Genialität und Intuition. Dieser Planet neigt zu metaphysischen Studien, oder solchen, die sich hauptsächlich mit dem höheren Geist und den subjektiven Teilen der Natur befassen.

Das Gemüt derjenigen, die sich unter dem Einfluss des Uranus befinden, ist etwas abrupt, dem Mystischen, Profunden, Ernsthaften und Nachdenklichen zugeneigt, es erfreut sich an schweren Problemen, alten Mysterien oder okkulten Wissenschaften.

Nachdem Uranus schon einige Zeit lang entdeckt war, wurde unter Einbeziehung aller bekannten Ursachen herausgefunden, dass da immer noch etwas war, was seine Bewegung beeinflusste. Es wurde vorgeschlagen, das dieses Etwas ein anderer Planet sei, noch weiter von der Sonne entfernt als Uranus selber; und die Frage war: „Wo ist dieser Planet, sollte er denn bestehen?"

Wir sollten nicht überrascht sein, dass zwei Geister, die sich befähigt genug gefühlt haben das Problem zu lösen, unabhängig voneinander versucht haben, diese unbekannte Welt zu finden. Bis zurück zum Juli 1841 finden wir Herrn Adams dabei, die Unregelmäßigkeiten des Uranus zu untersuchen. Anfang September 1846 hatte man den neuen Planeten bereits gut im Griff. Sir John Herschel bemerkte: „Wir sehen ihn, so wie Kolumbus Amerika von den Ufern Spaniens aus gesehen hat. Seine Bewegungen haben auf den weitreichenden Wegen unserer Analyse mit einer Gewissheit Erschütterungen hinterlassen, die kaum minderer sind, als ein Aufzeigen mit bloßem Auge."

Am 29. Juli 1846 wurde das große Teleskop des Cambridge-Observatoriums zum ersten Mal dazu eingesetzt, den Planeten an dem Platz zu suchen, wo Prof. Adams´s Berechnungen ihn vermuteten. Herr Le Verrier informierte im September die Berliner Astronomen über den Ort, von dem er glaubte, dass der Planet dort zu finden sei. Seine theoretische Platzierung wich von derjenigen von Prof. Adams um nicht einmal 1° ab. In Berlin fand Dr. Gallac, gemäß deren Sternenkarte, die bisher noch nicht veröffentlicht worden war, den Planeten sehr nahe der Position, die von den beiden Astronomen zugeordnet worden war.

Die intuitiven Fähigkeiten und der telepathische Sinn, ebenso wie die Genialität, sind häufig einer Natur, die direkt dem Planeten Neptun zugeschrieben werden kann. Somit scheint es in der Natur des Neptun zu liegen, diese Fähigkeiten zu erweitern und zu verfeinern.

Wir dürfen aber nicht vergessen, dass die Planeten mit ihren verschiedenen Naturen immer gemäß uns und unserer Umgebung handeln. Ein Mensch, ungebildet und ohne Ambitionen, wird kein erfolgreiches Unternehmen durchführen, auch wenn der Mars im Transit ist. Ein Mensch kleinerer Ideen wird sich glücklich schätzen, wenn ihm eine unerwartete Gabe zukommt. Große Errungenschaften können nur von großen Geistern mit hohen Zielen kommen. Mars fordert immer die Strafe eines Risikos. Saturn verlangt nach Zeit, in der ihr Nutzen heranwächst. Jupiter ist der Planet der großen Erwartungen aber häufig auch der seltenen Erfüllung derselben. Neptun liebt Verschwörung oder Intrige, und Uranus kann erschaffen oder zerbrechen, so wie der Mensch geneigt ist, aufbauend oder zerstörerisch zu sein. Der Mensch ist ein verkörpertes Universum. Alle Planeten mischen sich in seinem Wesen. Das ist es, was ihn auf ihre Aktivitäten antworten lässt.

In diesen sieben Planeten finden sich die Hinweise auf die sieben Prinzipien, die das Universum ausmachen. So wie der Tierkreis in sich abgeschlossen ist, mit 12 Unterteilungen, so formen auch die Planeten ein vollständiges Ganzes in der Aura der Sonne, mit sieben Unterteilungen.

So wie ein von der Sonne kommender Strahl durch die Planeten in sieben einzelne aufgeteilt wird, so wird jeder dieser sieben wiederum in Millionen verschiedener Strahlen aufgeteilt, jeder den Kern für ein eigenständiges Teilchen aus Materie bildend.

Somit manifestiert sich alles Leben durch die Kombination und das Vermischen dieser planetarischen Einflüsse.

Die Geschichte des Entstehens der Erde und des Menschen wurde mit einem riesigen Rad verglichen, welches sich auf ewig langsam und unvermeidbar dreht, immer vorwärts in eine Richtung, wobei jede Umdrehung ein Zeitalter genannt wird. Während sich dieses „Rad des Lebens" dreht, trägt es sowohl die Menschheit als auch die Erde durch die verschiedenen Veränderungen und Zustände der Entfaltung ihrer verwobenen, aber dennoch individuellen Vorsehungen.

Wenn ein physischer Körper geboren wird, steht er unter dem vorherrschenden Einfluss des Mondes. Im Moment der „Erweckung" belebt Mars den Körper und der besondere Planet, der in diesem Moment im Aszendenten steht, regelt das Gehirn und Nervensystem.

Wenn ein Kind seinen ersten Atemzug nimmt, nimmt es in seinen körperlichen Organismus eine Welle ätherischer Ladung mit gewissen Schwingungen auf, die von den planetarischen Sphären her stammen.

Jedes menschliche Wesen ist grundsätzlich eine Saat göttlichen Lebens, und die Entfaltung des spirituellen Lebens im Inneren ist das einzige Ziel der menschlichen Vorsehung.

Alle planetarischen Kräfte, die unseren Globus erreichen, berühren uns körperlich, emotional und intellektuell, aufgrund unseres physischen, emotionalen und geistigen Körpers. Das Prinzip der planetarischen Einflüsse, wie sie die Menschheit berühren, sind weder Tugenden noch Laster; es sind Qualitäten, die allen gemein sind, die sich darauf einstimmen. Sie sind latent in jedem menschlichen Wesen vorhanden.

Das Prinzip des Merkur ist Vernunft; der Venus Zuneigung; des Mars Energie; des Saturn Ausdauer; des Jupiter Bewahrung; des Uranus Aufbau; und des Neptun Mystik.

Das Tierkreiszeichen enthält in Lösung (als Potenzial, Anm. d. Ü.) die verschiedenen Qualitäten der Materie mit all ihren mannigfaltigen Formen. Diese Qualitäten werden durch die Natur der Zeichen aufgezeigt, und die Zeichen selbst haben einen bestimmten Bezug zur Konstellation. Die Beziehung selbst ist allerdings genauso wenig von der Position der Konstellationen abhängig, als es die Natur der Radiomusik von dem Ort einer Sendestation ist.

Der menschliche Körper besitzt unzählige sensorische Nerven —alle mit einem jeweiligen „Zielorgan" verbunden— deren Aufgabe es ist, Reize von außen zu empfangen, diese Schwingungen an die Nervenzentren zu übermitteln, wo sie dann durch das sympathische Nervensystem an diejenigen Organe weitergeleitet werden, die für diesen bestimmten eingehenden Reiz empfänglich sind, was sich wiederum in einer chemischen Veränderung auswirkt, die daraufhin ein Gefühl hervorruft. Gefühle erschaffen gleichartige Gedanken. Gedanken bestimmen Handlungen. Handlungen bestimmen Umgebung.

Bevor man sich eines Reizes bewusst wird, hat bereits eine chemische Veränderung stattgefunden; eine stimulierende Schwingung wurde empfangen, welche der chemischen Situation den Drang, und eine Richtung gemäß des Charakters der Schwingung gab. Die Schwingungen des Mars sind positiv, erregend, begeisternd; die der Venus sind besänftigend, Frieden stiftend, aufmunternd; die Schwingungen eines jeden Planeten haben auf diese Weise ihren eigenen besonderen Einfluss.

Der Einfluss des Mars ist expansiv, impulsiv und immer in Bewegung. Er beinhaltet die Essenz von Energie, Stärke und Bewegung. Das ist kein Einfluss, der unterdrückt werden sollte, sondern eher einer, der kontrolliert, verfeinert und ausgerichtet werden sollte.

Es gibt keinen Stein ohne einen Funken der vom Mars stammenden kriegerischen Strahlen, keine Pflanze, die nicht seinen animierenden Einfluss spürt, kein Tier, das nicht durch seine Energie bewegt wird, kein menschliches Wesen, das nicht durch seine Kraft kontrolliert wird.

Das Prinzip der Venus ist die Liebe. Liebe in diesem Sinne ist nicht nur eine sentimentale Abstraktion; sie weist mehr auf das Prinzip der Anhaftung hin, welches im gesamten Universum wirksam ist, die zusammenführenden Fähigkeiten, die all das anziehen, was in Übereinstimmung mit ihrer Natur ist, ganz gleich ob Aufbau oder Zerstörung. Nichts ist für immer verloren, da in der göttlichen Ökonomie Schöpfung nichts anderes als Wiederaufbau ist —ein Austausch des Alten durch das Neue.

Der Einfluss des Jupiter ist hauptsächlich gesellschaftlich, gönnerhaft und religiös. Jupiter ist der bewahrende Einfluss dessen, was sich als objektiver Einfluss des Saturn manifestiert. Saturn und Jupiter regeln die körperlichen Umstände, Mars und Venus die emotionale Natur, und Merkur die geistige Natur des menschlichen Wesens. Der Einfluss des Jupiter ist ausbreitend; er bevorzugt Ausdruck durch Dekoration und Schmuck, er entwickelt das Talent für Organisation, beeinflusst das Entfalten von Saat und Knospen, und sorgt für eine passende Umgebung für ein Leben in ihr. Jupiter bringt somit all das heraus, was gesellschaftlich, kooperativ und harmonisierend ist.

Jede Kraft, ganz gleich ob magnetisch, sympathisch, dynamisch oder mechanisch, ist eine planetarische Schwingung, und da Jupiter 1400-mal größer ist als die Erde, sind die von ihm ausgehenden Schwingungen und Kräfte erhaben und großartig. Sein Einfluss steht für Harmonie, für Größe und für körperliche Vollkommenheit.

Eine vielleicht eigentümliche Eigenschaft des Saturn-Typs ist die Qualität der Langsamkeit oder Trägheit. Die drei der Materie vererbten Qualitäten sind Trägheit,

Aktivität und Beweglichkeit. Diese drei Qualitäten werden in unterschiedlichen Verhältnissen mit allen Arten planetarischen Einflusses verbunden, aber im Fall von Saturn herrscht Trägheit vor.

Diejenigen, die zu diesem Typ gehören, sind langsam zu bewegen, aber dauerhaft und unveränderlich in ihren Taten. Sie sind treu, ausdauernd, unnachgiebig und fest. Die Besonderheit der Trägheit führt dazu, dass diese Individuen langsam darin sind, neue Ideen zu akzeptieren, und lässt sie an alten Gedanken und Methoden mit großer Beharrlichkeit festhalten. Eine Folge dieses Charakterzuges ist, dass sie behalten, was sie bekommen. Das ist wahr in Bezug auf Ideen, Gefühle, Gewohnheiten oder realen Besitz. Eine andere Folge ist die Entwicklung der Qualitäten von extremer Genauigkeit und Detailversessenheit. Saturn bevorzugt den Ausdruck des Geistes durch Form in Skulptur, Architektur und Wissenschaft.

Im Saturn liegt die Eigenschaft der Überlegung, welche auf den inneren Wunsch nach aller arkaner Weisheit und tiefer Wissenschaftlichkeit zurückgeführt werden kann. Das ist das Geheimnis des Saturn-Einflusses als Meisterweber von Charakter und Vorsehung.

Somit finden wir Saturn immer bereit Verantwortung zu übernehmen, sie hervorzuheben und sie durch den regenerierenden Einfluss der Meditation und Konzentration umzuwandeln. Auf ähnliche Art und

Weise wird der Einfluss des Mars häufig in Hingabe umgewandelt, oder der des Merkur in Weisheit.

Saturn neigt somit zur Isolation und Trennung; sein Einfluss ist stets zusammenziehend, immer dazu geneigt, durch eine Serie von Beschränkungen das Detail herauszuarbeiten, welche das Individuum an bestimmte Prinzipien bindet.

Im Gegensatz dazu steht all das, was unbeschränkt und ungebunden ist, unter dem Einfluss des Uranus.

Jeder metaphysischer Gedanke und fortschrittliche Standpunkt findet in ihm den Anführer; in der Tat ist sein Einfluss so bedeutend und romantisch, dass er niemals vergessen wird, sobald man ihn einmal gefühlt hat.

Wenn der Philosoph, der seine Einflüsse vom Saturn bezieht, langsam im Denken ist, wieviel langsamer ist dann derjenige, der seinen Einfluss vom Neptun bezieht, welcher doppelt so weit entfernt ist! Wenn er Eingebung erlangen möchte, muss er für eine lange Zeit sehr ruhig sein. Wir erinnern uns an Johannes, als er die Offenbarung erhielt; er wurde auf die Insel Patmos versetzt, wo er ungestört sein würde. Natürlich wurde er von seinen Feinden dorthin versetzt, aber sie hätten ihm keinen größeren Gefallen tun können, wo er doch dort seinem Geist ungestört Flügel verleihen konnte. Es bedarf Zeit, um Eingebung zu erlangen, und es soll nur einige wenige Menschen gegeben haben, die bereit waren, 40 Tage zu fasten, um solch eine Belohnung zu erlangen.

Der Mensch ist eine Vermischung all dieser Elemente. In seinen frühen Phasen herrscht der tierische Instinkt vor, und er ist sich nur der Objekte bewusst, die seinen Sinnen zusagen. Später lernt er sich einer Kraft im Inneren bewusst zu werden, die an seinen Verstand appelliert. Schlussendlich wird er sich seiner Einheit mit dem gesamten Universum bewusst. Somit schreitet er voran, vom Tierischen zum Menschlichen und letztendlich zum Göttlichen. Die Sonnenwissenschaft ist somit die spiralförmige Himmelsleiter, die auf eine glorreiche Zukunft ausgerichtet ist, und anstatt schlichtweg an Autorität zu glauben, können wir unser Vertrauen durch Wissen bestätigt bekommen und unsere Intuition wird durch den Verstand unterstützt.

Von Zeit zu Zeit tritt eine Kraft des spirituellen Suchens in das Bewusstseinsfeld ein, die, verstehend und wissend, alle vorangegangenen Erfahrungen im Gedächtnis dessen, zu dem sie kommt, in den Schatten stellt.

Diese Erfahrungen sind ungewöhnlich, obwohl sie so alt sind wie die menschliche Rasse; und es gibt kein einziges Heiliges Buch der Menschen, das nicht Andeutungen auf diesen seltenen Zustand des menschlichen Bewusstseins macht, welcher, schlussendlich, das gemeinsame Erbe einer fortgeschrittenen Rasse darstellt.

TEIL FÜNF

HIMMLISCHE SCHWINGUNGEN

Es ist die Einstellung, die wir einem eingehenden Reiz gegenüber annehmen, die auf die Richtung und Art motorischer Entladungen oder körperlicher Reaktionen jeglicher Art hindeutet und sie bestimmt. Das Individuum, das aufgrund von Impulsen handelt, folgt einfach nur der Neigung des Reizes; somit hat es danach oft die Gelegenheit zu bereuen, dass es so gehandelt hat.

„Die Sterne veranlassen zu etwas, aber sie zwingen zu nichts." Während des Frühlingsquartals bringt die Natur neues Wachstum hervor, aber wir mögen uns entscheiden nichts zu pflanzen, dann ist es leicht vorauszusagen, dass es ohne Anpflanzung im nächsten Winter einen Mangel an Lebensmitteln geben wird.

Der weise Mann herrscht nicht über seine Sterne, er herrscht über sich selbst und handelt in Zusammenarbeit mit den zeitlich geregelten Abläufen der Natur, wobei die Ergebnisse die Weisheit seiner Entscheidung beweisen.

Andererseits sind wir sehr wohl in der Lage, uns unter nachteiligen Aspekten unharmonisch zu fühlen und dementsprechend zu handeln, und somit Missfallen und Widerstand hervorzubringen, welche wiederum Hindernisse, Beschränkungen und Schwierigkeiten erzeugen.

Das Wort „Aspekt" ist der von uns gewählte Begriff,

um auf die Position der Planeten zueinander und ihrem sich daraus ergebenden Einfluss auf die Erde und ihrer Bewohner hinzuweisen.

Es wird sogleich ersichtlich, dass, wenn sich Jupiter zwischen Saturn und Erde schiebt, der Einfluss des Saturn zunichte gemacht wird —seine Schwingungen erreichen uns nicht. Es wird ebenso ersichtlich, dass die Planeten ständig Anordnungen bilden, durch die sie die zu erwartenden Auswirkungen verstärken oder aufheben.

Ein Aspekt wird nur in denjenigen eine Reaktion hervorrufen, die darauf abgestimmt sind, diesen Aspekt zu empfangen, genau so wie der Drahtlos-Empfänger nur auf die Schwingung eines entsprechend eingestellten Senders abgestimmt ist. Folglich vermag eine Person den Einfluss eines Aspekts zu fühlen, während ihr eigener Bruder es nicht vermag. Der physikalische Prozess eines Effekts von einem Aspekt ist die Veränderung in den chemischen Bestandteilen des menschlichen Körpers, so dass einige der Flüssigkeiten abgebaut, verbraucht oder vermindert werden, während andere vermehrt werden können.

Die damit einhergehende Veränderung in der Zellstruktur lenkt die Aufmerksamkeit des Verstandes mittels Schmerzen, Qualen, Krankheit und Schwäche auf die Anerkennung einer Störung im Körper.

Im Bereich des Verstandes neigt ein nachteiliger

Aspekt von Sonne und Saturn zu geistiger Depression, deren extreme Auswirkung Melancholie, Sarkasmus und Groll gegen die offensichtliche Selbstbeherrschung und Beschränkungen oder fehlende Gelegenheiten sind. Er neigt auch zu Schüchternheit, Angst und der Tendenz einzuschränken, aufzuhören, sich zurückzuziehen und den Kampf aufzugeben. Für davon Betroffene ist es ein Kampf. Viele, die krank sind, gehen wegen des Überwiegens solcher Gefühle daran ein, während diejenigen, die in Unternehmungen nicht stark sind, glauben, dass die Hindernisse zu groß sind, und so scheitern sie, wo stimulierende Aufmunterung und freundliche Hilfe derjenigen, die diese Aspekte verstehen, sie über diesen Abschnitt ihres Einflusses hinweghaben würden, bis die normalen Zustände wieder vorherrschen.

Der Tierkreis wurde in zwölf Teile aufgeteilt, jeder Teil im Besitz eines besonderen Merkmals. Es liegt an den Bereichen des jeweiligen Tierkreises, dass die von der Sonne ausgestrahlte Essenz mit den für die besondere Position des Tierkreises typischen Anziehungskräften beim Durchlaufen vereint wird, und jede körperliche Manifestation im Weltall, sei sie mineralischer, pflanzlicher oder tierischer Natur, wird in ihrem Wesen den Charakter des besonderen Teils des Tierkreises ausdrücken, auf den sie eingestimmt ist.

Im Moment der Geburt, wo das Neugeborene seinen ersten eigenständigen Atemzug nimmt, die Lungen füllt und sein Blut mit den in diesem Moment überwiegenden Elementen in der Atmosphäre über den Sauerstoff anreichert, in Übereinstimmung mit der Natur der besonderen planetarischen Aspekte, die zu dieser Zeit und an diesem Ort vorherrschen, empfängt das Kind Eindrücke oder Neigungen, für die es nachher immer dann empfänglich ist, wenn gleiche Umstände innerhalb der schwingungstechnischen Einflüsse der Aspekte des Tierkreises erneut auftreten. Menschen reagieren auf jene Schwingungen oder Aspekte, auf die sie eingestellt sind, sind aber anderen gegenüber immun.

Das Zeichen, das im Moment der Geburt aufsteigt, wird als natürlicher Hinweis auf den Charakter betrachtet, was zu 12 unterschiedlichen Typen führt, im Folgenden kurz zusammengefasst:

Widder: Offenherzig und freimütig, kampfeslustig, großzügig, bestimmt und impulsiv, intuitiv, dennoch Vernunft und Argumentation mögend.

Stier: Dogmatisch und hartnäckig, furchtlos und willensstark, geduldig und entschlossen, herzlich.

Zwillinge: Dualistisch und ruhelos, intellektuell und gefühlvoll, nervös und reizbar: dennoch freundlich und großzügig.

Krebs: Reserviert und einfühlsam, mitfühlend und hartnäckig, ungeduldig, dennoch beharrlich, beeinflussbar und emotional.

Löwe: Standhaft und beherrscht, beharrlich und ehrgeizig; treu, edel und großzügig.

Jungfrau: Zurückhaltend und unterscheidend, dennoch erfinderisch; aktiv, nachdenklich und spekulativ.

Waage: Kultiviert, intuitiv, wahrnehmend, ehrgeizig, künstlerisch, empfindsam und gerecht.

Skorpion: Reserviert, entschlossen, zäh, verschwiegen, weise, diskret, standhaft, stolz und nachtragend bei Verletzungen.

Schütze: Aktiv, unternehmungslustig, offenherzig, ehrlich, großzügig, aufrichtig, beeindruckbar, selbstbetrachtend und überzeugend.

Steinbock: Ehrgeizig, durchdringend, empfänglich, nachdrücklich, beständig, inspirierend und politisch geneigt.

Wassermann: Intellektuell, zurückhaltend, lernfreudig, nachdenklich, sich ausbreitend, vielseitig, erfinderisch und künstlerisch.

Fische: Emotional, verschwiegen, geduldig, meditativ, freundlich, großzügig, nachahmend, empfänglich, geduldig und friedlich.

WIDDER

Widder ist das erste Zeichen des Tierkreises. Der Planet Mars ist der Herrscher dieses Zeichens; die geistigen und kriegerischen Instinkte sind hier sehr lebendig, die objektive und formende äußere Welt attraktiver und faszinierender seiend, als die subjektive, innere oder gedankliche. Es ist das erste Zeichen der intellektuellen Dreieinigkeit.

Diejenigen, die zwischen 21. März und 21. April geboren sind, sind sehr offenherzig, freimütig, abenteuerlustig, selbstbewusst, ehrgeizig, empfindlich, intellektuell, unternehmungslustig und unterhaltsam, neigen aber dazu, sich zu überschätzen und sich die Dinge größer vorzustellen, als sie sind —entweder besser oder schlechter.

Der Vorteil dieses Zeichens kann in der Loyalität derjenigen gefunden werden, die in ihm geboren wurden, in ihrer Wahrheitsliebe und in allem was offenherzig, frei, unabhängig, großzügig und ausdrucksvoll ist. Psychisch sind sie sehr ehrgeizig und immer voller Unternehmungen, neuer Pläne und Ideen. Sie sind bewundernswert in ihrer Fähigkeit zu planen und die Zukunft auszuarbeiten, aber selten entwickeln sie ihre Ideen völlig eigenständig.

STIER

Der Stier ist das zweite Zeichen des Tierkreises. Alle Personen, die zwischen dem 21. April und 21. Mai geboren sind, wenn die Sonne im Zeichen des Stier steht, sind zuverlässig, zurückhaltend, praktisch, sachlich, störrisch, entschlossen, geduldig, arbeitsam und konservativ. Sie sind zuverlässig, ehrlich und sorgfältig in Rede und Handlung, und fähig, Positionen auszufüllen, wo Würde und Selbstvertrauen notwendig sind; folglich erhalten sie gewöhnlich Regierungsstellen oder verantwortliche Posten, in denen Gewohnheit vorherrscht und wo Autorität alteingesessen ist.

Dieses Zeichen enthält die starken Energien des Willens und der Wünsche, häufig verborgen und unterdrückt, bis große Provokation sie entfesseln, wenn die aufgestauten Energien des Stier mit der Kraft einer Explosion ausbrechen.

Es gibt eine charakteristische psychische Seite in der praktischen Stier-Natur, die oft dadurch entwickelt wird, dass Gefühle aufgrund einer außergewöhnlichen Erfahrung sehr tief bewegt wurden. Gedanken und Gefühle sind sehr vermischt, und es ist schwer zu sagen, was die Oberhand behält; Wille und Wunsch sind Eins in diesem Zeichen, und diejenigen, die moralisch entwickelt sind, sind sehr intuitiv, bemüht, das Verlangen der Natur zu kontrollieren und die Gefühle zu reinigen.

Mental haben sie große Macht, aber der Wunsch ist häufig stärker als der Wille, und wir finden sie dann ihre Mentalität auf eine sachliche Weise ausdrückend, weil sie sich anscheinend an dem erfreuen, was sie als „praktisch" bezeichnen. Mit anderen Worten, sie sind sachlicher. Sie besitzen viel Konzentration und Zweckgebundenheit, aber es ist schwierig, sie dazu zu bekommen, ihren Verstand zu kräftigen, da sie gerne Dinge leicht nehmen und sich oft mehr auf ihre Intuition als auf ihr Urteilsvermögen verlassen.

ZWILLINGE

Alle Personen, die innerhalb der Periode vom 21. Mai bis zum 20. Juni geboren sind, werden mehr oder weniger am solaren Einfluss teilnehmen, der sich über das Zeichen Zwillinge äußert. Dies ist das dritte Zeichen des Tierkreises und das erste des Lufttrigon (Dreiheit, Anm. d. Ü.). Es ist in der Qualität veränderlich, Dualität bedeutend, so wie seine Körperteile, die der Zwilling steuert, die Lungen, Hände, Arme, Augen und Ohren; gleichzeitig dasjenige zum Ausdruck bringend, das Vehikel und ausführende Medium dessen, was in den beiden vorhergehenden Zeichen, Widder und Stier, aktiv, bzw. schlummernd ist. Das bewirkt, dass all diejenigen, die unter seinem Einfluss stehen, die Fähigkeit haben, sich mit zwei Angelegenheiten gleichzeitig zu befassen, was eine Neigung für Veränderung und Vielseitigkeit hervorbringt, und die besondere Fähigkeit, sich den Anforderungen des Moments anzupassen.

Die Sterne Castor und Pollux sind so nah beieinander, dass sie immer als Zwillinge betrachtet worden sind. Sie sind die herausragenden Sterne des himmlischen Zeichens Zwilling. Deshalb ist Zwilling ein duales Zeichen, das von den „Zwillingen" beherrscht wird, und wir erkennen, dass der am häufigsten ausgedrückte

Charakterzug derjenige der Dualität ist.

Es gibt drei Hauptkonstellationen im himmlischen Zeichen des Zwilling. Die erste, Auriga, bedeutet Triebkraft und mechanischen Einfallsreichtum. Die zweite, die Hyaden, verleiht Zuneigung, die immer mit einem wässerigen Zeichen verbunden ist. Die dritte, Orion, kennzeichnet Wissbegierde für den Bereich Forschung, die Veranlagung, Hindernisse zu bewältigen, und die Liebe für das Schöne. So ist das Temperament des Zwilling entweder praktisch, mitfühlend oder künstlerisch, abhängig von der besonderen Konstellation, mit der es im Einklang ist.

Ein weiterer charakteristischer Wesenszug des Zwilling ist das Künstlerische, das in seiner Liebe zu Verzierungen und seiner Individualität im Zeichnen und in der Malerei Ausdruck findet. Das Zeichen Fische bringt sicherlich auch viele Künstler hervor; auch in diesem Zeichen ist das Talent zwar angeboren, muss aber mühsam entfaltet werden, während sich der Zwillingskünstler aufgrund seiner Liebe zur Farbe und des Wunsches nach Ausdruck entwickelt, wenn auch ruheloser und weniger beharrlich und nicht immer so erfolgreich. Trotz seiner künstlerischen Neigung und seines Temperaments neigt die praktische Veranlagung des Zwilling ebenfalls dazu, die Ausübung der Kunst abzuschwächen.

Zwilling-Menschen neigen mehr oder weniger zu

intellektuellen Vorhaben und interessieren sich zutiefst für jegliche Bildungsarbeit und leben mehr im Verstand als in ihren Gefühlen. In der Tat sind sie ihr Leben lang bemüht, ihre Gefühle zu überwinden, bzw. ihre Empfindungen wegzudiskutieren. Das führt dazu, dass sie etwas materialistisch sind, immer zwischen Glauben und Skepsis schwankend. Sie haben häufig das Gefühl, dass sie zur selben Zeit an zwei verschiedenen Orten sein wollen, und sind nicht damit zufrieden, für eine bestimmte Dauer an einem Platz zu sein. Außerdem beenden sie selten eine Sache, bevor sie eine andere beginnen, und das führt sie dazu, ein wenig unzuverlässig und unentschieden zu sein.

Sie haben einige doppelte Erfahrungen, zwei stark in ihrem Leben auftretende Vorgehensweisen, hinsichtlich derer sie eine Wahl treffen müssen. Sie sind meist mehr oder weniger nervös, ruhelos und reizbar, was häufig dazu führt, dass sie sich wie noch nie sorgen, zerstreuen und unkonzentriert sind.

Wenn sie moralisch entwickelt sind, streben sie einem würdigen Ziel zu und haben die Gelegenheit, auf einer Ebene zu leben, die weder vollkommen unvoreingenommen noch vollkommen subjektiv ist, die Fähigkeit besitzend, beide Arten der Manifestation zu unterscheiden. Wenn sie aber moralisch nicht entwickelt sind, bedeutet der Verstand alles, und sie müssen dann davon überzeugt werden, dass außerhalb des Materiellen auch noch eine weitere Ebene der Existenz besteht.

KREBS

Der Krebs, welcher vom 21. Juni bis zum 21. Juli inkraft tritt, ist das vierte Zeichen des Tierkreises, ein wässeriges Kardinalzeichen und das erste des mütterlichen Trigons. Das ist das Zeichen, in dem Gefühle und Emotionen durch äußere Mittel in Bewegung gesetzt werden. Alle Menschen, die geboren werden, während die Sonne in diesem Zeichen steht, sind empfindlich, schüchtern und zurückhaltend, dennoch beständig.

Es ist typisch für sie, dass sie mehr herausragende und kennzeichnende Eigenschaften haben, als irgendein anderes Zeichen. Die Wesentlichste davon ist ihre Bodenständigkeit, allerdings ist sie gleichzeitig ihre attraktivste Eigenart.

Sie lieben es wahrgenommen zu werden, erscheinen aber bescheiden und nicht begierig, hervorzutreten. Sie sind sparsam, konservativ, zurückhaltend, romantisch, medial veranlagt und fantasievoll, und scheinen —bis man sie versteht— ohne jegliche Absicht konträr zu sein. Krebse, die moralisch nicht entwickelt sind, sind bloße Bündel ihrer Launen und Widersprüchlichkeiten, immer unentschieden und zögernd was Gefühl und Emotion anbelangt. Sind sie aber moralisch entwickelt, verschmelzen diese Stimmungen zu einer Form zähen Willens oder beharrlichen Wunsches, der sie ihrem Ziel entgegenträgt, entweder durch die Anwendung des Taktgefühls oder durch beharrliche Überzeugung.

Sie lieben Reliquien, Antiquitäten und Kuriositäten und alle Dinge, die mit Erinnerungen an die Vergangenheit in Verbindung stehen.

LÖWE

Das Sternzeichen Löwe, welches die Periode vom 21. Juli bis zum 21. August abdeckt, ist das fünfte Zeichen des Tierkreises, feurig, gefestigt und königlich. Alle Personen, die zum Zeitpunkt der Sonne in diesem Zeichen geboren wurden, sind mächtig, befehlend, beherrscht, entschlossen, großzügig, ehrgeizig und treu, und entwickeln tiefe Gefühle. Wenn sie moralisch ausgeprägt sind, sind sie anziehend und mitfühlend; aber wenn moralisch nicht entwickelt, sind sie leidenschaftlich und hastig und werden leicht von ihren Gefühlen gelenkt.

Die Haupteigenschaft dieses Sternzeichens ist Glaube, und diejenigen, die in ihm geboren wurden, glauben, dass alles gut und edel ist, bis anderes herausgefunden wird und sie sich ihres deplatzierten Vertrauens zur Gänze bewusst werden.

Löwe-Personen zielen immer hoch, und folglich werden ihre Ideale selten verwirklicht. In einigen Fällen sind sie ziemlich weltfremd, die Vollkommenheit in allen Dingen suchend. Falls überhaupt, sind sie selten zurückhaltend und bevorzugen einen offenherzigen und offenen Umgang, sogar wenn dieser schmerzhafte Folgen haben sollte. Wenn sie oft getäuscht oder benachteiligt werden, sind sie wahrscheinlich stolz und herablassend, sind aber immer noch großmütig und verzeihend.

Die Sonne bei der Geburt im Löwen verspricht viel Erfolg im Leben durch persönliche Anziehungskraft und das Vermögen, sich an Umstände anzupassen. Je mehr Selbstdisziplin entwickelt wird, desto größer wird der Erfolg sein, weil dann die natürliche Gabe der Eingebung frei fließen kann. Löwe-Menschen wollen immer an der Spitze der Dinge stehen, und weil sie im Besitz einer guten Organisationsfähigkeit sind, sind sie sehr wohl fähig, Autorität und Befehlsgewalt auszuüben. Sie herrschen durch ein besonderes inneres Gefühl, in dessen Besitz sie sind und welches anderen nicht zu Eigen ist, so dass sie darin ein gewisses Maß an Vorteil gegenüber den meisten Menschen besitzen. Sie lernen viel durch die emotionale Seite ihrer Natur, die kraftvoll und sehr tiefgehend ist.

JUNGFRAU

Das himmlische Zeichen der Jungfrau, welches sich vom 22. August bis zum 21. September erstreckt, ist das sechste Zeichen im Tierkreis, ein erdiges und veränderliches Zeichen. Alle Personen, die zum Zeitpunkt der Sonne im Zeichen der Jungfrau geboren werden, sind praktisch, unterscheidend, kritisch, methodisch, fleißig und intelligent. Es ist das Zeichen des Geschäftsmannes, des Individuums, das auf der physischen Ebene sehr lebendig ist; das die Existenz des Geistigen nicht bezweifelt, aber keine Zeit mit dem Träumen oder Spekulieren über das Ungesehene vergeudet, immer bestrebt, alle Dinge in die fühlbare, sachliche Welt herunterzubringen. Diejenigen, die in diesem Zeichen stehen, sind beherrscht, kühl, vorsichtig, sorgfältig, sorgsam und gleichzeitig aktiv, taktvoll, aufmerksam und erfinderisch, immer mit einem offenen Auge für die "große Chance".

Es gibt sehr wenige Extreme in diesem Zeichen, da diese Gebürtigen größtenteils ausgeglichen und mit einem kühlen Kopf ausgestattet sind. Jungfrauen haben wenig Ansprüche, sie ziehen es vor, ruhig und unbemerkt zu arbeiten. Sie sind nicht begierig darauf, Ruhm oder Anerkennung zu erhalten, sondern handeln so diskret wie es die Gelegenheit erlaubt.

Diejenigen, die in den letzten zehn Tagen des Augusts geboren sind, sind im Allgemeinen berechnend und neigen zu Vorbedacht; selten, falls überhaupt, handeln sie nach Impulsen. Sie sind zurückgezogen, oft scheu und wählerisch. Diejenigen, die vom 1. bis 10. September geboren wurden, sind sorgfältiger. Sie erheben sich im Leben durch ihre eigenen Verdienste. Sie sind im Allgemeinen wissenschaftlich und kritisch, auch empfindlich und sich den sie umgebenden Umständen sehr bewusst. Sie sind fähige, logische Geister, nachdenklich und beharrlich. Diejenigen, die zwischen dem 10. und 20. des Monats geboren wurden, neigen eher zu einem weniger aktiven Leben und besitzen viel mehr Rücklage. Sie sind in sich ruhend und standhaft.

WAAGE

Die Waage, vom 22. September bis zum 22. Oktober, ist das siebte Zeichen des Tierkreises, luftig, kardinal und ausgleichend. Es ist das erste des Fortpflanzungstrigon. Diejenigen, die geboren wurden, während der Sonne in diesem Zeichen stand, sind sehr kultiviert und große Liebhaber der Gerechtigkeit. Sie sind empfindsam, zustimmend, vergnügungslustig, ehrgeizig, großzügig, intuitiv, harmonisch, von schneller Auffassung und sie sind künstlerisch veranlagt. Alle in diesem Zeichen geborenen Personen sind ausgeglichen, liebenswert, wohlgesinnt und dazu fähig, eine unvoreingenommene Sicht des Lebens einzunehmen. Sie sehen beide Seiten eines Themas klar und deutlich. Sie lieben es, Zustimmung zu erhalten, und arbeiten gut, wenn sie gelobt oder bewundert werden; und sie verdienen sich im Allgemeinen die Anerkennung, da sie angenehme und gleichmütige Personen sind. Sie haben eine ausgezeichnete Wahrnehmung und versagen niemals darin, alles deutlich zu beobachten, was um sie herum vorgeht.

Es gibt zwei unter diesem Einfluss geborene Extreme: Diejenigen, die das Vergnügen lieben, die Verehrer von Etikette und Zeremonie, Gewohnheit und Konvention; und diejenigen, die spirituell geneigt, geistig verfeinert und darauf bedacht sind, die Einheit in allen Dingen zu schätzen.

Diejenigen, die zwischen dem 22. September und

dem Monatsende geboren wurden, sind objektiv, gelassen, sehr kultiviert, freundlich und harmonisch. Diejenigen, die zwischen dem 1. und 10. Oktober geboren wurden, sind Liebhaber der Gerechtigkeit, geistig klug, erfreuen sich an guter Gesellschaft und sind gewissenhaft in allen ihren Verbindlichkeiten. Diejenigen, die zwischen 10. und 22. Oktober geboren wurden, sind mehr materiell, aber sehr intellektuell und stehen geistiger Ausdrucksfähigkeit mit all ihren Formen sehr anerkennend gegenüber. Sie geben gute Partner ab, weil sie allgemein bestrebt sind, Harmonie zu bewahren.

SKORPION

Das himmlische Zeichen des Skorpion, vom 23. Oktober bis zum 21. November, ist das achte Zeichen im Tierkreis, ein fixes und wässeriges Zeichen. Alle Personen, die mit der Sonne in diesem Zeichen geboren wurden, sind beständig, würdevoll, kontrolliert, zurückhaltend, hartnäckig und anziehend. Sie sind taktvoll, diskret und vorsichtig. Sie lieben Anerkennung und schätzen Zuspruch.

Dieses Zeichen hat in seinem Inneren mehr Macht verborgen als die meisten anderen Zeichen. Wenn sie moralisch nicht entwickelt sind, veranlasst es Skorpion-Menschen sehr schlau und gerissen zu sein, und zeigen dabei intensive Leidenschaft und Neid. Deshalb werden sie voraussichtlich fordernd, argwöhnisch und misstrauisch sein.

Es trifft auf alle drei Aszendenten zu, aber im Besonderen auf jene, die zwischen dem 23. Oktober und dem Ende des Monats geborenen wurden: Sie sind für den Einfluss um sich herum sehr empfänglich. Sie sind nicht gesprächig, häufig schüchtern und scheu; aber ihre Natur ändert sich gewaltig, wenn sie das mittlere Alter erreichen. Diejenigen, die im Zeitraum vom 1. bis 10. November einschließlich geboren wurden, sind gesprächiger. Sie mögen in die gesprochenen Worte anderer zu viel Vertrauen legen und als Folge durch den Irrtum des gegebenen Vertrauens Schaden erleiden. Sie sind freundlich und gastfreundlich. Diejenigen, die in der Periode vom 10. bis zum 20. November geboren wurden, sind sehr hartnäckig, entschlossen und ehrgeizig. Sie lieben öffentliche Versammlungen und Gesellschaft, mögen aber auch Heim und Begleitung.

Diejenigen, die geboren wurden, während, die Sonne im Skorpion stand, sind kraftvolle Charaktere, und wenn sie Stolz und Neid überwinden, ist ihre Kraft für das Gute in der Welt enorm. Während sie sich entwickeln, werden sie immer intuitiver.

Sie haben eine starke Verfassung, aber auch eine große innere Kraft sowie Selbstheilungskräfte; auch besitzen sie intuitive medizinische Kenntnisse.

Finanziell gelingt es ihnen mithilfe ihres eifrigen Durchsetzungsvermögen und ihrer Kraft, sich an ihre Umgebung anzupassen. Aufgrund des Besitzes von Willensstärke und dem Entschluss, in der Welt aufzusteigen, wird es ihnen im Leben stets gut gehen.

Die Ehe ist für sie sehr wichtig und immer wohltuend, da sie eine bemerkenswerte Bindungskraft besitzen und ausgezeichnete Eltern abgeben.

SCHÜTZE

Der Schütze, der die Periode vom 21. November bis zum 20. Dezember umfasst, ist das neunte Sternbild, ein feuriges und veränderliches Zeichen. Alle Personen, die mit der Sonne in diesem Zeichen geboren wurden, sind voller Hoffnung, heiter, beeinflussbar und mit einem Instinkt für Weissagungen ausgestattet. Sie sind aktiv, unternehmungslustig, loyal, ausdrucksvoll und dem Ausleben von Zärtlichkeiten zugeneigt. Sie sind Liebhaber der Freiheit und glauben an die Redefreiheit; und niemand weiß so gut wie Schütze-Menschen, wie man den schwächsten Teil in der Rüstung des anderen findet. Dennoch sind sie aufrichtig, unabhängig, philosophisch und fromm in Gedanken und Prinzipien.

Von den drei Typen sind diejenigen, die zwischen dem 21. November und dem Ende des Monats geboren wurden, sehr deutlich und freimütig, aber unwillig, sich Selbstbeherrschung oder Kontrolle zu unterwerfen. Sie lieben die Wissenschaft und die praktische Seite des Lebens, mit viel Interesse an Details und kleinsten Einzelheiten. Diejenigen, die zwischen 1. und 10. Dezember geboren wurden, sind leidenschaftlich, großzügig, offen und frei, lieben es zu diskutieren, sind hoch geistig und unabhängig und besitzen eine Liebe für religiöse und philosophische Lehren. Diejenigen, die zwischen dem 10. und dem 20. geboren wurden, sind eigensinniger und zuweilen unabhängig und gleichgültig, kampfeslustig und im Geiste militant, mit durchdringendem Verstand und schlagfertigem Witz ausgestattet.

Die geistige Seite des Lebens spricht den Schützen in hohem Maße an, der mal mehr, mal weniger philosophisch ist, aber immer verständnisvoll.

Die Natur dieser Personen ist hoffnungsvoll und freudig, sogar im fortgeschrittenen Alter und, selbst wenn manchmal gestört, ist ihre Veranlagung im Allgemeinen ruhig. Sie sind einfach in ihrer Lebensweise und finden vor allem in der Unabhängigkeit Freude, und werden eher alles opfern, anstatt sich Zwang auszusetzen. Sie quälen sich extrem in gefühllosen Umgebungen. Sie sind wachsam und anderen gegenüber misstrauisch, sogar sich selbst gegenüber, was manchmal, im Bestreben dieses zu vermeiden, zur Selbsttäuschung führt. Sie lieben Wahrheit, Frieden, und Gerechtigkeit. Sie sind vielseitig und dabei schwierig einzuschätzen und der Theologie und geistigen Themen zugeneigt, dennoch sind sie hellseherisch veranlagt.

STEINBOCK

Das himmlische Zeichen des Steinbock, vom

21. Dezember bis zum 19. Januar, ist das zehnte Zeichen im Tierkreis, ein kardinales und erdiges Zeichen. Alle Personen, die geboren werden, während die Sonne in diesem Zeichen steht, sind ehrgeizig und geneigt, hohe Ideale der physischen Schönheit und Vollkommenheit zu erschaffen. Sie sind Wirtschaftswissenschaftler, sparsam, beharrlich, zurückhaltend, diplomatisch und tiefsinnig. Sie sind fleißig, sorgfältig, behutsam und vorsichtig, selten stolz oder zu unabhängig, haben aber dennoch eine beachtliche Menge an Selbstbewusstsein. Sie sind selten darstellend oder dem Aufzeigen zugeneigt, sie sind im Allgemeinen aufrichtig und direkt.

Der Charakter derjenigen, die unter dem Einfluss des Steinbock stehen, ist sehr entschieden. Ihre Mentalität stellt sich durch Fleiß, Vorsicht, Aufmerksamkeit, einer Fähigkeit für wissenschaftliche Forschung, Nachdenken und Meditation dar.

Die Gesundheit und Konstitution derjenigen, die unter dem Einfluss des Steinbock stehen, wird in erster Linie durch die Sonne beeinflusst, welche der Lebensspender ist. Dieses Zeichen ist ein zurückhaltendes Zeichen und ermöglicht denjenigen, die unter seinem Einfluss geboren sind, sich am körperlichen Leben so lange wie möglich festzuhalten, und sie leben gewöhnlicherweise viel länger als diejenigen, die unter einem anderen Zeichen stehen. Oft erreichen sie ein Alter von 90-100 Jahren, und gleichzeitig bewahren sie sich all ihre Fähigkeiten und Sinne bis zum Ende.

Alle Personen, die zur Gänze unter diesem Einfluss stehen, sind ehrgeizig, sorgfältig, aufmerksam, umsichtig, zurückhaltend, dynamisch, beharrlich, kraftvoll und ausdauernd.

WASSERMANN

Das himmlische Zeichen des Wassermann, vom 20. Januar bis zum 18. Februar, ist das elfte Zeichen im Tierkreis, ein fixes Luftzeichen. Alle Personen, die geboren werden, während die Sonne in diesem Zeichen steht, sind schwierig zu verstehen. Sie sind ruhig, unauffällig, geduldig, treu, menschlich und nett. Sie lieben die Natur, Musik, Kunst und Literatur, die intellektuelle und kultivierte Seite des Lebens, die an ihren humanitären Sinn für Gleichberechtigung appelliert. Sie sind intuitiv, ehrlich und wohlgesinnt, von einer lernbegierigen und nachdenklichen Natur, geneigt, die Mysterien der Natur zu ergründen.

Dieses Zeichen gehört dem Lufttrigon an und ist folglich für die geistige Ebene des Tierkreises zuständig.

Die Menschheit hat noch nicht das Stadium erreicht, in welchem all jene Qualitäten entwickelt werden können, welche durch das Zeichen Wassermann ausgedrückt werden. Es gibt heutzutage nur sehr wenige, die die individuellen Eigenschaften dieses Zeichens vollkommen ausdrücken, aber diejenigen, die sich dorthin entwickelt haben, wo sie ihre individuelle Natur ausdrücken können, sind sehr entschlossene, geduldige, ruhige und treue Menschen. Sie sind philosophisch, humanitär und außerordentlich kultiviert und geben ausgezeichnete Forscher und wissenschaftliche Schriftsteller her.

Geistig sind sie vorsichtig, beständig, intelligent, unterscheidend, konzentriert, lernbegierig und nachdenklich, und wenn sie ihr Bewusstsein dem Studium zuwenden, dann können sie einem Thema mehr abgewinnen als irgendein anderes Luftzeichen. Sie haben die Neigung, mehr geistig als physisch zu leben, und alles der geistigen Welt angehörende spricht sie an. Gewöhnlich haben sie eine starke, gesunde Verfassung, aber wenn sie einen zu konzentrierten oder sitzenden Lebensstil verfolgen, dann besteht das Risiko von Problemen, die sich aus einem schadhaften Kreislauf ergeben.

Sie sind am erfolgreichsten als Künstler, Designer, Musiker, Erfinder, Elektriker, Schriftsteller und in jeder Beschäftigung, wo beständige, gewissenhafte und konzentrierte Tätigkeit notwendig ist.

Der Planet Saturn ist ihr Herrscher, aber es ist die metaphysische Seite des Saturn, der die nachdenklichen und meditativen Qualitäten regelt. Alle Personen unter dem Einfluss des Wassermann sind mehr oder weniger ausgezeichnete Studenten der menschlichen Natur, und ihre ruhige, stille, nachdenkliche Art erweckt immer dann Vertrauen, wenn sie von denjenigen verstanden werden, mit denen sie in Berührung kommen.

FISCHE

Das himmlische Zeichen der Fische, vom 19. Februar bis zum 20. März, ist das letzte Zeichen des Tierkreises, ein veränderliches und wässeriges Zeichen. Alle Personen, die geboren werden, während die Sonne in diesem Zeichen steht, sind medial veranlagt, beeindruckbar und empfänglich. Sie sind weder unentschlossen noch bestimmt, aber beharrlich, überzeugend und emotional. Sie sind sehr geduldig und beklagen sich nicht ohne weiteres. Sie sind nachahmend, friedlich, mitfühlend und großzügig.

In diesem Zeichen gibt es zwei Extreme; aber weil die Fische ein doppeltes Zeichen sind, drücken diese Personen häufig beide dieser entgegen gesetzten Seiten ihres Charakters aus, und werden folglich auch nicht leicht verstanden. Sie sind ziemlich aufmerksam und bereit, jede Verantwortung auf sich zu nehmen, falls sie einem guten und nützlichen Zweck dienen sollte.

Dieses Zeichen überträgt denjenigen unter seinem Einfluss eine eigentümliche, intuitive, empfängliche Verfassung, welche sie befähigt, innere Dinge auf eine vollkommen andere Weise aufzuspüren und zu verstehen, als es anderen Zeichen möglich wäre. Im Charakter sind Fische äußerst ruhelos und besorgt, und es ist ein großes Ausmaß an Unentschlossenheit vorhanden; aber sie sind imstande, die umgebenden Umstände zu erfühlen und besitzen eine Art sensitiver Neigung. Die Gefühle sind sehr stark und werden voraussichtlich von denjenigen stark beeinflusst, mit denen sie in Kontakt kommen.

Geistig sind sie flexibel und fantasievoll und lieben mehr oder weniger die Romanze, aber sie besitzen dieses eigenartige Verständnis, das nicht durch wirkliches Lernen erworben wird, und scheinen Dinge auf eine eigentümliche Art und Weise zu wissen. Sie sind selten außerstande, Umstände zu erklären, und werden oft „wandelnde Lexika" genannt. Es gibt eine spezielle Eigenschaft, welches ihr Zeichen herausstehen lässt, und dass ist ihre Gastfreundschaft und ihre große Liebe für stumme Kreaturen.

Körperlich kann ihre Verfassung durch Sorgen und übermäßige Ängstlichkeit und Rastlosigkeit leicht durcheinander gebracht werden.

Alle, die in diesem Monat geboren werden, scheinen inspiriert zu sein, und leben größtenteils in ihren Gefühlen und Erregungen. Einige der edelsten Charaktere dürften unter diesem Zeichen gefunden werden.

Begreife die Wahrheit, sobald geäußert, und sie ist wie ein neu geborener Stern, der seinen Platz einnimmt, und welcher, sobald er seine beschaulichen Runden dreht, von keinem Tumult der Erde erschüttert werden kann.
—James Russell Lowell.

TEIL SECHS

KOSMISCHE SCHWINGUNGEN

Viele von uns sind unempfänglich gegenüber den wunderbaren Wahrheiten, die uns am Himmel aufgezeigt werden —Wahrheiten, die wunderbarer und glorreicher sind als jegliche mystische Fabel oder Liebesromanze; Wahrheiten, die in dem großen Buch der Natur kontinuierlich vor uns ausgebreitet werden.

Die Griechen haben die Geographie des Himmels, die gegenwärtig in Gebrauch ist, 1400 Jahre v. Chr. abgebildet. Ptolemäus hat über 600 Jahre vorher nicht weniger als 48 der größten und heute bestens bekannten Sternkonstellationen aufgezeichnet, und erinnere dich daran, dass das Teleskop nur vor etwa 400 Jahren erfunden wurde.

Unsere bemalten amerikanischen Wilden, die Araber in der Wüste, die einfachen Kinder an den Ufern des Nil, die Wilden auf den Inseln im Meer, sie alle waren aufmerksamer bezüglich der in den Sternen versteckten Mysterien, als wir Menschen es heutzutage sind.

Das Sonnensystem ist ein riesiges organisiertes Ganzes, vom höchsten spirituellen Standpunkt bis hinunter in die niedrigsten materiellen Ebenen; nirgendwo tot, nirgendwo unbewusst, nirgendwo nutzlos, nirgendwo zufällig; sondern sorgfältig zusammengestellt, geordnet und überwacht, um das ihm innewohnende Leben und die Intelligenz seines

Schöpfers auszudrücken und seinen Plänen zu dienen. In der Tat ist es ein gigantisches Wesen, welches mit Lebenskraft und Bewusstsein pulsiert.

Die Entfernung zu den Sternen ist so groß, dass es für den Verstand keinen Sinn ergibt, ihn in Meilen auszudrücken; somit muss eine andere Methode benutzt werden, und da bietet uns die Lichtgeschwindigkeit eine bequeme Alternative. Licht bewegt sich mit einer Geschwindigkeit von 186.000 Meilen pro Sekunde, und indem wir das als Maßstab nehmen, können wir ein besseres Verständnis von der Distanz zu den Sternen gewinnen. Der uns am nächsten liegende Stern, Alpha Zentauri, ist von uns so weit entfernt, dass das Licht dreieinhalb Jahre braucht, um diese Entfernung zu überbrücken.

Durchschnittlich benötigt Licht 15 1/2 Jahre, um uns von einem Stern zweiter Ordnung zu erreichen, 43 Jahre von einem Stern dritter Ordnung, und so weiter, bis es 3500 Jahre dauert, bis uns das Licht von einem Stern 12. Ordnung erreicht.

Wie haben sich die Astronomen vergewissert, dass der unserem Sonnensystem am nächsten liegende Stern 25 Trilliarden Meilen weit entfernt ist? Der Durchmesser der Erdumlaufbahn beträgt 186.000.000 Meilen; das bedeutet, dass sich die Erde in sechs Monaten auf der anderen Seite der Sonne befinden wird und somit 186.000.000 Meilen von ihrer gegenwärtigen Position entfernt ist. Wenn wir nun heute die Sterne fotografieren und sie in sechs Monaten erneut fotografieren, wird das zweite Foto aufzeigen, dass sich einige Sterne in ihrer Position in Bezug auf die anderen Sterne ein wenig verschoben haben. Der Grund dieser Verschiebung ist leicht verstanden, wenn man die Sterne mit einer Reihe von Laternen in der Nacht vergleicht. Wenn du ein bisschen außerhalb dieser Reihe stehst, wirst du die Laternen als viele Lichtpunkte wahrnehmen, die nahe beieinander stehen; wenn du dich aber im rechten Winkel dazu etwas entfernst, wirst du sie voneinander getrennt sehen; wobei die uns nahe liegenden Sterne weiter voneinander getrennt sind als die weiter entfernten Sterne. Das nennt man Parallaxe. Indem sie ihre Position um 186.000.000 Meilen verändert hat, zeigt uns die Erde eine Parallaxenverschiebung, die für die uns am nächsten liegenden Sterne groß genug ist, dass der Astronom ihren Abstand messen kann. Wenn er die Parallaxe eines Sternes messen kann, ist es für ihn einfach, von diesem Stern die Distanz zur Erde zu bestimmen.

Das Teleskop auf dem Mount Wilson, Kalifornien, hat einen Durchmesser von 100 Zoll; es bedurfte sieben Jahre, um die Linse zu schleifen, welche mit Silber beschichtet ist. Die Linse allein wiegt viereinhalb Tonnen. Sie vergrößert nicht, wie üblicherweise angenommen, sondern sammelt nur das Licht und bringt es in einen Brennpunkt. In diesem Fall ist die Reflektion 250.000-mal stärker als das menschliche Auge und befähigt uns, 400-mal tiefer in den Weltraum vorzudringen.

Jegliche Vergrößerung kann mit dem Okular eingestellt werden, wobei eine Vergrößerung von 3000- bis 6000-fach zum Betrachten der Planeten verwendet wird. Ein großer Motor wird eingesetzt, um der scheinbaren Bewegung des Himmels entgegen zu wirken, welcher durch die Erdumdrehung verursacht wird. Die Bewegung dieses Motors ist so exakt, dass ein Stern genau am gleichen Punkt im Okular verbleiben kann, wie es erwünscht ist.

Die Sonne und ihre Planetenfamilie wiederum drehen sich um eine Zentralsonne, die Millionen von Meilen entfernt ist. Für eine komplette Umdrehung bedarf etwas weniger als 26.000 Jahre. Diese Umdrehung nennen wir Tierkreis, der wiederum in 12 Zeichen aufgeteilt ist, allgemein bekannt als Widder, Stier, Zwillinge, Krebs, Löwe, Jungfrau, Waage, Skorpion, Schütze, Steinbock, Wassermann und Fische. Unser Sonnensystem braucht etwas mehr als 2100 Jahre, um eines dieser Zeichen zu durchwandern, und diese Zeit ist der Maßstab eines Zeitalters. Aufgrund dessen, was die Astronomen das „Voranschreiten der Tag und Nachtgleiche" nennen, bewegt sich die Sonne durch die Zeichen dieses Tierkreises in umgekehrter Richtung.

Seit einiger Zeit ist das Sonnensystem, welches unseren Planeten Erde beinhaltet, in das Tierkreiszeichen Wassermann eingetreten. Ein luftiges, geistiges und elektrisches Zeichen, welches den metaphysischen, psychologischen, fortschrittlichen und veränderten

Bedingungen zugeneigt ist, kooperativ und ausgleichend in seinem Einfluss. Es leitet zur Untersuchung an, zum Interesse an ernsthaften Angelegenheiten, zu Übergangsmitteln, zu Kommunikationsmitteln, zur Ausbildung, zur Hygiene und neuen Regierungsformen.

Sein planetarischer Herrscher ist der Uranus, genannt „der Reformator", der zerstört, um danach neu und besser wieder zu errichten. Es ist der Uranus, der „alte Dinge vergehen lässt, damit alle Dinge neu entstehen können." Er leitet zur Freiheit, Freizügigkeit und zum Ausdruck an. Er wurde auch das menschliche Zeichen genannt.

Die 12 Zeichen sind in ihrem Wesen abwechselnd positiv und negativ —jedes von ihnen enthält einen gewissen spezialisierten Einfluss, da sie einen Herrscher haben, von dem die Natur dieses Einflusses erlangt wird. Die Sonne strahlt Energie an jedes Mitglied der solaren Familie aus. Als die zentrale Figur unter den Planeten zeigt ihre Position den Bereich jener Aktivitäten an, in welchem das Individuum den größten Erfolg antreffen wird, und sie ist auch der grundlegende Impuls und die treibende Kraft, welche dann das Individuum dazu drängen, den Erfolg auch zu erreichen.

Die Sonne ist die Herrscherin allen Lebens, der Mond der Spender aller Form, und weil sich Leben durch Form ausdrückt, ist die Beziehung von Sonne und Mond untrennbar. Es wird zur Aufgabe eines jeden Individuums, den Mond, bzw. die formgebende Seite seiner Existenz derjenigen der Sonne, bzw. der lebensspendenden Seite zu unterstellen, und der dabei erlangte Erfolgsgrad wird der Maßstab seiner Fähigkeit sein, die Sterne zu beherrschen.

Da die Sonne der Lebensspender des Sonnensystems ist und das Herz wiederum der Lebensspender des Körpers, ist daraus leicht zu ersehen, weshalb der Einfluss der Sonne bei der Geburt des Menschen am größten ist, da sie auf direktem Wege durch das Herz wirkt.

Der Einfluss des Mondes ist in der ersten Lebenshälfte am größten, der Einfluss der Sonne in der zweiten Lebenshälfte.

Jeder Planet hat bestimmte Eigenschaften, die zum Zeitpunkt der Geburt auf das Kind einwirken. Das geschieht aufgrund der elektrostatischen Bedingungen in der Atmosphäre im Moment des ersten Atemzuges des Kindes, durch den eine bedeutende Veränderung in der Natur des Blutes stattfindet. Aus diesem Grund zeigen alle, die unter dem Einfluss eines bestimmten Planeten geboren wurden, die Eigenschaften dieses Planeten am stärksten in ihrem geistigen Temperament, und das spiegelt sich sowohl in Motiv als auch Handlung wieder.

Zusätzlich zum Einfluss bestimmter Planeten gibt es einen Einfluss der verschiedenen Konstellationen.

Sie werden gewöhnlich in kardinal, fix und veränderlich aufgeteilt. Die Kardinalzeichen machen den Charakter scharfsinnig, aktiv, rastlos, aufstrebend und wechselhaft. Die veränderlichen Zeichen machen ihn gleichgültig, langsam, schwankend und zögerlich, jedoch lenk- und beeinflussbar. Die fixen Zeichen machen ihn bestimmt, entscheidungsfreudig, entschlossen, ehrgeizig und unnachgiebig; langsam darin, sich zu verändern, jedoch unaufhaltsam, wenn er erst einmal begonnen hat.

Die Konstellationen fallen unter die folgenden Einteilungen:

Kardinal: Widder – Krebs – Waage – Steinbock
Fix: Stier – Löwe – Skorpion – Wassermann
Veränderlich: Zwillinge – Jungfrau – Schütze – Fische

Der Einfluss der Kardinalzeichen setzt schlummernde Kräfte in Bewegung, bewirkt Veränderung und erzeugt Initiative.

Der Einfluss der fixen Zeichen dient der Beständigkeit. Das Individuum mag langsam und schwerfällig wirken, aber es wird beharrlich sein; es wird keine Niederlage kennen; es wird sich auf einen Punkt konzentrieren und ihn bis zum Ende verfolgen; sein Eifer wird nahezu fanatisch sein.

Der Einfluss der veränderlichen Zeichen ist Flexibilität und Veränderung. Ein derartiger Einfluss ist geistig oder spirituell und gibt der Handlung Zweck und Anreiz.

Der kardinale Typ ist somit aktiv; der veränderliche Typ rastlos und der fixe Typ rigide. Materieller Erfolg bedingt der Handlung, daher beruhen wichtige Faktoren in der Welt der Arbeit auf diesem Typ.

Da Stabilität ein notwendiger Faktor in wichtigen industriellen Unternehmungen ist, teilt sich der fixierte Typ oft den materiellen und finanziellen Erfolg mit dem kardinalen Typ. Der veränderliche Typ aber ist Anstrengungen abgeneigt —sie wollen Abenteuer, Veränderung, Reisen; sie sind somit die Förderer, welche den Erfinder und den Hersteller zusammenführen; sie sind Verkäufer, Mittelsmänner und Agenten, die zwischen Käufer und Verkäufer verhandeln.

Sie sind auch die Empfindsamen und reagieren stärker auf die Erfahrungen des Lebens; sie tragen eine schwerere Last, weil sie mehr fühlen. Sie nehmen an den Lebensangelegenheiten in einem größeren Ausmaß teil, weil sie nicht nur ihre eigene Last tragen, sondern auch die derjenigen, die sie umgeben. Die größeren Möglichkeiten der inneren Entfaltung, des Verständnisses und der Entwicklung sind immer bei den Empfindsamen zu finden. Der Empfindsame benutzt nicht nur sein Urteilsvermögen, sondern auch seine Vorstellungskraft, Vision, Eingebung und Einsicht.

Die fixen Typen sind gewöhnlich die Materialisten,

die mit objektiven Besitztümern und Fertigkeiten zufrieden sind. Sie benutzen ihr Urteilsvermögen und sind nur daran interessiert, was gemessen, gesehen, gefühlt oder angefasst werden kann; sie sind die Macher und nicht die Träumer und sie sind sehr beständig; sie füllen viele verantwortungsvolle Positionen mit großem Erfolg und sind wertvolle Mitglieder der Gesellschaft.

Keiner dieser Typen ist überlegen, sie sind schlichtweg verschieden —und alle sind notwendig.

Die fixen Zeichen repräsentieren etwas Zusammengefügtes, Gesammeltes, Angehäuftes und sind relativ einheitlich; etwas Bestimmtes und Uniformes; ein Zentrum der Kraft und Möglichkeit, relativ ruhig und in sich unveränderlich, vom Außen empfangend und falls erforderlich, zurückgebend. Sie ähneln gewaltigem Sprengstoff, der —solange ungestört— stabil bleibt, in sich große Mengen an Energie speichernd, aber plötzliche und gewaltige Auswirkungen zeigen, wenn sie dazu angeregt werden, diese frei zu setzen.

Die Kardinalzeichen befinden sich immer an der Oberfläche, sind niemals statisch, niemals ruhig, voller Aktivität, immer beschäftigt und verändernd —sie ziehen in der Welt die meiste Aufmerksamkeit auf sich.

Die veränderlichen Zeichen sind in der Mitte zwischen diesen beiden Extremen angeordnet, zwischen ihnen fluktuierend, und können sich keinem von ihnen anschließen; sie sind aber weder so beständig wie die einen, noch so aktiv und offen wie die anderen. In Übereinstimmung damit kann festgestellt werden, dass drei dieser vier veränderlichen Zeichen als „dualistisch" bezeichnet werden können.

In Bezug auf den Charakter, wie er auf den durchschnittlichen Menschen heutiger Tage angewendet wird, deuten fixe Zeichen auf jene Menschen, in denen Gefühl, Wunsch oder Emotion in eine oder mehrere der vielfältigen Ausdrucksformen erstarkt ist, welche diese Bewusstseinsphase ausmachen. Gemäß den Eindrücken, die sie zum Zeitpunkt der Geburt durch die planetarischen Schwingungen erhalten haben, welche zu dieser Zeit und an diesem Platz bestanden, können sie eigennützig oder selbstlos sein.

Solche Personen sind Veränderungen abgeneigt und haben feste Ansichten und Gewohnheiten, die sehr schwer zu ändern sind, ganz gleich ob gut oder schlecht. Sie reichen von den Geduldigen und Ausdauernden bis zu den Sturen und Resoluten. Manchmal folgen sie für eine lange Zeit einer Beschäftigung oder einem Lebensweg ohne jegliche Veränderung. Sie sind treue Freunde und unnachgiebige Feinde.

Kardinalzeichen beschreiben Personen, die voller Aktivität sind, körperlich oder geistig, oft auch beides. Sie sind rastlos, beschäftigt, unternehmerisch, wagemutig, kühn, und können sich ihren Lebensweg zurechtschneidern; sie sind Erfinder, Pioniere, die das Alte zurücklassen und das Neue suchen. Sie sind sehr selbstsicher und ehrgeizig; sind oft herausragende, beliebte oder notorische Figuren in ihrem Lebensbereich; haben öffentliche Positionen inne oder üben Autorität über andere aus. Sie sind großzügig und impulsiv, handeln und bewegen sich schnell. Sie haben nicht das lange Durchhaltevermögen der fixen Zeichen, können aber hart und schnell arbeiten und erreichen viel in kurzer Zeit. Sie versuchen, die Umstände an ihren Willen anzupassen, anstatt sich an die Umstände anzupassen, wie es Geborene der veränderlichen Zeichen tun würden; oder von beharrlicher Ausdauer durchdrungen zu sein, wie die fixen Zeichen es sein können. Sie sind schnell dabei zu lieben und zu hassen, machen sich schnell Freunde und Feinde, ihre Gefühle ändern sich allerdings genauso schnell. Aktivität ist die Hauptnote ihres Charakters, ganz gleich in welchem Kanal sie laufen, ob praktisch, emotional oder intellektuell —und ganz gleich, ob zum Guten oder Bösen.

Veränderliche Zeichen sind schwerer zu beschreiben. Anpassungsfähigkeit vermag vielleicht ihre Bestimmung am besten auszudrücken. In den praktischen Angelegenheiten des Lebens zeigen die in diesem Zeichen Geborenen weder die Aktivität, die Umstände an ihren Willen anpassen, welches eine Eigenschaft der Kardinalzeichen ist, noch das Durchhaltevermögen und die Ausdauer der fixen Zeichen. Sie versuchen eher, ihr Ziel dadurch zu erreichen, dass sie sich durch intelligente Unterscheidung und das Vermeiden von Extremen den Umständen anpassen. Sie nehmen die Umgehungsstraße, wenn der direkte Weg nicht passierbar ist, und manchmal selbst dann, wenn er es doch ist. Diese Neigung zeigt sich auf vielfältigste Art und Weise. Sie können sich an die Gewohnheiten und Launen anderer Menschen anpassen; sie können mit Leichtigkeit beide Seiten einer Frage erkennen, und können auf ehrliche Art und Weise mit recht entgegen gesetzten Meinungen und Prinzipien sympathisieren. Was die Emotionen anbelangt, machen diese sie sympathisch, menschlich und wohltätig, zu Liebhabern von Frieden und Stille. Intellektuell verleiht es ihnen einen sehr unabhängigen, subtilen, durchdringenden und unterscheidenden Verstand. In gewissem Maße sind sie natürliche Manager, Überbringer, Reisende oder Vermittler, und im Allgemeinen interpretieren oder drücken sie die Gefühle und Ideen anderer aus, was sie zu Schreibern oder Sprechern aller Grade macht, vom Angestellten bis zum Autor, vom Rechtsanwalt bis zum Prediger.

In ihrer Individualität verleihen die Kardinalzeichen ausführende Fähigkeiten und Handlungen, die in ihrer Natur vereint sind und mit göttlichem Gesetz übereinstimmen; die veränderlichen Zeichen erkennen Übereinstimmung, Synthesen und ziehen zusammen; und die fixen Zeichen geben Stabilität und die Erkenntnis der Einheit des vermeintlichen Getrenntseins.

Diese Zeichen können weiter wie folgt unterschieden werden:

Erdig – praktisch und materiell, unternehmerisch, intellektuell und wissenschaftlich.

Wässerig – emotional und plastisch, sympathisch und Schwierigkeiten ausräumend, wiedererschaffend.

Luftig – verfeinert und künstlerisch, den abstrakten Ideen zugeneigt.

Feurig – spirituell und idealistisch, energetisierend und schöpferisch.

Sie werden wie folgt unterteilt:

Erdig: Stier – Jungfrau – Steinbock

Feurig: Widder – Löwe – Schütze

Luftig: Zwillinge – Waage – Wassermann

Wässerig: Krebs – Skorpion – Fische

Erde ist die niedrigste und äußerste aller Materiezustände; die unterschiedlichste, am stärksten eingegrenzte und komplexeste; die am weitesten entfernte vom Zustand des reinen Geistes. In ihrem Bezug auf die kosmische Ebene bedeutet sie die körperliche Ebene; als ein Zustand von Materie bedeutet sie das Solide; in Bezug auf den Menschen bedeutet sie den physischen Körper; als Bewusstseinszustand spiegelt sie Handlung, Tat und Willenskraft wieder, im Gegensatz zum Fühlen oder Denken.

In Personen, bei deren Geburt das Erdige dominant ist, zeigt sich das in mehr Veränderungen und deren Klassifizierungen, als bei Geborenen der anderen Elemente; sie sind aber im Allgemeinen praktische, tatsachenbezogene Menschen, die im Handeln besser sind als im Denken oder Fühlen; oder sie versuchen, Gedanken und Emotionen auf praktische Anwendungen zu reduzieren.

Sie werden die natürlichen Macher genannt, aber ihr Dienst schwankt zwischen denen eines Angestellten, einer Verkaufshilfe und eines Arbeiters, und sie bewegen sich von den Weisen zu den Ungebildeten, von den wirklich Ehrgeizigen, Selbstbezogenen oder Selbstlosen zu den Passiven, Trägen und nicht Unternehmungslustigen.

Wasser, als ein Zustand der Materie, stellt den flüssigen Zustand dar. In seinem Bezug zur kosmischen Ebene bezeichnet es das dem Körperlichen am nächsten liegende, auch die astrale oder psychische Ebene genannt. Es drückt Bewusstsein durch Gefühle, Emotionen, Wünsche, Instinkte, Leidenschaften und Intuitionen aus. Diejenigen, die in ihm geboren wurden, zeigen sowohl die Stärken als auch die Schwächen dieser Seite der menschlichen Natur. Sie reichen vom Sympathischen, Liebevollen, Einfallsreichen, Offenherzigen und Religiösen, zum Arbeitsscheuen, Luxus liebenden, Leidenschaftlichen, Selbstbezogenen, Lustlosen und Trägen.

Luft, als Zustand der Materie, bezeichnet den gasförmigen Zustand. Er entspricht dem Sonnenuntergang und drückt Bewusstsein durch Gedanken und Verständnis aus. Diejenigen, die unter den luftigen Zeichen geboren wurden, zeigen viele und verschiedene intellektuelle Abstufungen, vom Literarischen zum Wissenschaftlichen, vom Metaphysischen zum Poetischen, vom Unternehmerischen, Praktischen und Ausführenden, zum Profunden, Umfangreichen und Soliden. Die Vorstellungskraft, ganz gleich ob durch Poesie, Musik oder Kunst ausgedrückt, scheint teilweise zur Luft zu gehören und teilweise zu Feuer oder Wasser.

Feuer entspricht dem Sonnenaufgang und der Individualisierung. Menschen in diesem Zeichen sind impulsiv, energetisch, enthusiastisch, positiv, ungestüm und aktiv. Sie scheinen den Wasserzeichen mehr zu ähneln als den Erdzeichen oder Luftzeichen, da sie mehr in ihren Gefühlen, Emotionen und Leidenschaften leben, als im Intellekt. Insoweit wie es durch die Sonne dargestellt wird, steht das Feuer für das energetisierende und alles durchdringende Leben des Universums, die Hauptquelle aller Evolution, allen Fortschritts.

Das ist dann das Labor, in denen die Natur auf ewig die spirituellen Kräfte, die auf jeder Seite in einer unendlichen Vielfalt zum Vorschein kommen, zusammenfügt, da „sie alle Teile eines erstaunlichen Ganzen sind."

TEIL SIEBEN

LICHTSCHWINGUNGEN

Energie ist ein Bewegungsmodus, und wir werden uns dieser Bewegung nur über ihre Auswirkung bewusst. Diese Auswirkung, wenn über das Auge dem Gehirn vermittelt, macht sich als Licht bemerkbar; wenn sie den Weg über das Ohr nimmt, kennen wir sie als Ton.

Ob diese Energie das Auge oder das Ohr erreicht, hängt von der Länge und Häufigkeit der Schwingungen ab.

Radiowellen schwingen im Bereich von 10.000 bis 30 Millionen Mal pro Sekunde; Wärme- und Lichtwellen sind viel schneller. Radiowellen sind somit extrem lang, Wärmewellen kürzer und Lichtwellen noch kürzer.

Die Länge einer Welle hängt von ihrer Häufigkeit ab, das heißt, die Anzahl der Wellen, die einen gegebenen Punkt in einer Sekunde durchschreiten.

Wir können elektrische oder Radiowellen mit dem Bass-Ton auf einer Musikskala vergleichen. Während sie die Skala hinaufgehen, werden die Wellen kürzer und kürzer und die Frequenz höher und höher, bis sie eine Empfindung von Wärme produzieren. Wenn die Frequenz weiter angehoben wird, werden sichtbare Lichtwellen erscheinen.

Wenn die Frequenz weiter angehoben wird, geht

die Empfindung von Licht letztendlich verloren; dann kommen wir in Kontakt mit der ultravioletten oder Röntgenstrahlung. Während sie weiter ansteigt, sind wir uns dieser Schwingungen nicht länger bewusst, sondern wissen nur noch um ihre Auswirkung.

Wenn die Frequenz mehr als 38.000 Schwingungen pro Sekunde beträgt, kann das Ohr sie nicht als Ton wahrnehmen; wenn 400 Milliarden Schwingungen erreicht werden, nehmen wir Licht wahr, und während die Schwingungen schrittweise weiter ansteigen, nimmt das Auge eine Farbe nach der anderen wahr, bis die Farbe Violett mit ihren 75 Billionen Schwingungen pro Sekunde erreicht ist.

Jedes Phänomen in der Natur definiert sich über seine Bewegungs- und Schwingungsrate.

Wir sprechen von der Sonne als „aufgehend" und „untergehend", obwohl wir wissen, dass es schlichtweg eine Bewegungserscheinung ist. Unseren Sinnen zufolge steht die Erde scheinbar still. Wir sprechen von einer Glocke als klingend, und dennoch wissen wir, dass die Glocke lediglich Schwingungen in der Luft erzeugen kann. Wenn diese Schwingungen mit einer Rate von 16 Wellen pro Sekunde kommen, sind sie häufig genug, um die Membran in Bewegung zu setzen, von der die Schwingungen an einem Nerv entlang ins Gehirn übermittelt werden, wo sie dann als „Ton" registriert werden. Dem Verstand ist es möglich, Schwingungen bis zu einer Rate von 38.000 pro Sekunde zu hören. Wenn die Anzahl darüber hinausgeht, wird alles wieder still. Somit wissen wir, dass der Ton nicht in der Glocke existiert, sondern in unserem eigenen Verstand.

Wir sprechen und denken von der Sonne als „Licht gebend". Wir wissen aber, dass sie einfach nur Energie ausstrahlt, Schwingungen im Äther mit einer Rate von 400 Trilliarden pro Sekunde produziert und das erzeugt, was wir Lichtwellen nennen, so dass das, was wir Licht nennen, schlichtweg ein Bewegungsmodus ist, und das einzige Licht, welches existiert, eine in unserem Verstand erzeugte Empfindung ist, die durch die Bewegung jener Wellen entstanden ist. Wenn sich die Anzahl der Schwingungen erhöht, ändert das Licht seine Farbe, jede Veränderung hervorgerufen durch kürzere und schnellere Schwingungen. Obwohl wir somit von der Rose als rot, dem Gras als grün oder dem Himmel als blau sprechen, wissen wir, dass diese Farben nur in unserem Verstand existieren, und dass die von uns erfahrenen Empfindungen das Resultat einer bestimmten Schwingungsrate sind. Wenn diese Schwingungen auf unter 400 Trilliarden pro Sekunde reduziert werden, kommen sie uns nicht länger als Licht vor, sondern wir erleben die Empfindung von Wärme.

Wissenschaftliche Beobachtungen haben gezeigt, dass die Temperatur der Erde pro 100 Fuß (ca. 30 Meter) um 1° sinkt, wenn wir uns von der Erdoberfläche entfernen, und dass es alle 100 Fuß einen entsprechenden

Temperaturunterschied gibt. Ausgehend von einer
bestimmten Höhe über der Erdoberfläche —und
zwar über ihre Atmosphäre hinaus— wurde auch
angenommen, dass dort vollkommene Dunkelheit mit
einer entsprechenden Dichte an Kälte herrscht.

Der französische Pilot Jean Callizo, der (zur Zeit der
Niederschrift dieses Buches in den frühen 20er Jahren
des 20. Jahrhunderts, Anm. d. Ü.) mit 40.028 Fuß
(12.200 Meter) den Weltrekord für die höchste jemals
von einem Menschen erreichte Höhe hält, sagte, dass
seine letzte Beobachtung des Thermometers eine
Temperatur von 58° unter Null (entspricht -50°Celsius)
anzeigte, aber bald darauf versank das Quecksilber unter
den sichtbaren Anzeigebereich seiner Armatur, so dass
er nicht mehr ablesen konnte, wie kalt es weiterhin
wurde. Ungeachtet der Tatsache, dass er vier Sorten
Handschuhe —Papier, Seide, Wolle und Leder— trug,
verlor er jedes Gefühl in seinen Fingern.

Wenn, wie viele annehmen, die Sonne Licht und
Hitze abgäbe, wäre aller Raum mit Licht erfüllt; es gäbe
keine Nacht, denn die gesamte Umlaufbahn, auf der sich
die Erde bewegt, wäre mit Licht angefüllt. Kein Stern
würde erscheinen, weil die Sterne in all dem Licht nicht
zu erkennen wären.

Die Sonne ist von der Erde 93.000.000 Meilen entfernt.
Sie ist ein großer Dynamo mit einem Durchmesser von
866.000 Meilen. Sie sendet elektromagnetische Ströme

durch den gesamten solaren Raum, welcher von einem Ende zum anderen ungefähr 6 Milliarden Meilen beträgt. Sie dreht sich wie alle Planeten um ihre Achse und ist eine von Tausenden ähnlicher Sonnensysteme und Planeten, viele mit viel größeren Ausmaßen, alle von ihnen sich durch den Raum bewegend und um ein gemeinsames Zentrum kreisend.

Es ist somit klar, dass die Sonne anstatt Hitze und Licht ausschließlich elektrische Energie abstrahlt. Diese Energie berührt die Erdatmosphäre in Form von Strahlen. Während sich die Erde mit der unglaublichen Geschwindigkeit von mehr als 1000 Meilen pro Stunde am Äquator dreht, kommt die Atmosphäre mit den elektrischen Strahlen der Sonne in Kontakt und wird erleuchtet, was wiederum die Empfindung von Licht und Wärme verursacht.

Während sich die Erde mit konstant abnehmender Geschwindigkeit dreht bis wir die Pole erreichen, nimmt die Reibung mehr und mehr ab, so dass wir immer weniger Licht und Wärme empfinden, bis die Pole erreicht sind, wo es wenig Licht und keine Hitze gibt. Was wir als Licht kennen, erscheint somit nur innerhalb der Atmosphäre und nicht außerhalb derselben, und auch nur in dem Teil der Atmosphäre, welcher der Sonne zugewandt ist.

Während wir uns von der Erde entfernen, wird die Atmosphäre dünner und dünner, und somit gibt es weniger Reibung und somit weniger Licht und weniger Wärme.

Während die direkten Strahlen der Sonne nur die Teile der Erde erreichen, die ihr zugewandt sind, erscheint Licht auch nur auf dieser Seite. Die andere Seite der Erde, die von der Sonne abgewandt ist, kennt keine Reibung und somit kein Licht, aber während sich die Erde um ihre Achse dreht, gerät die Atmosphäre schrittweise in direkten Kontakt mit den elektrischen Strahlen der Sonne und Licht erscheint. Je intensiver die Strahlen, welche die Erde erreichen, desto stärker die Reibung, desto heller das Licht und desto höher die Wärme. Das ist das Sonnenphänomen, welches wir Morgen, Mittag und Abend nennen.

Der Mensch sieht aufgrund der Aktivität des Sehnervs, durch den die Lichtschwingungen mit dem Sensorium kommunizieren, wo sie Bilder erzeugen. Dieses Sensorium ist das entsprechende Zentrum im Gehirn, das durch eine mit dem Äther verbundenen Kraft energetisiert wird; somit ist der Akt des Sehens identisch mit dem Erzeugen der gesehenen Dinge. In der Tat sehen wir ein Bild und nicht das Objekt.

Ein Reflex ist ein unfreiwilliger Akt. Wenn Licht, welches strahlende Energie ist, das Auge berührt, ziehen sich die Pupillen zusammen. Diese tierischen Reflexe überschreiten in ihrer Empfindsamkeit jeglichen vom Menschen bisher erfundenen Apparat.

Die Bindehaut des Auges ist 3000-mal empfindlicher als eine fotografische Platte. Der Geschmackssinn überragt an Feinheit die empfindlichsten wissenschaftlichen Instrumente. Die Lungen überragen den Blasebalg, das Herz die Pumpe, die Hand den Hebel und das Auge die fotografische Kamera. Telefonische und telegrafische Apparate ahmen nur etwas nach, was seit jeher mit dem Nervensystem erreicht wurde, und immer mithilfe derselben Energie.

Wissenschaftler benutzen das Wort Äther, wenn sie von der Substanz sprechen, „in der wir leben, uns bewegen und unser Wesen haben". Er ist allgegenwärtig, durchdringt alles und ist die Quelle jeglicher Aktivität. Sie gebrauchen das Wort Äther, weil Äther etwas impliziert, was gemessen werden kann, und was die materie-orientierte Schule der Wissenschaft anbelangt, kann etwas, was nicht gemessen werden kann, auch nicht existieren. Aber wer kann ein Elektron messen? Dennoch ist dieses Elektron die Grundlage für jegliche materielle Existenz, zumindest soweit, wie wir es gegenwärtig wissen.

Die Zahl an Elektronen, welche der 25-fachen Menge der Weltbevölkerung entspricht, muss in einer Pipette vorhanden sein, damit der Chemiker eine chemische Spur entdecken kann. In einem Kubikzoll Blei gibt es ungefähr 125 Septillionen Atome, und wir kommen noch nicht einmal annähernd dahin, mittels eines Mikroskops auch nur ein einziges Atom zu erkennen!

Und doch ist das Atom im Vergleich zu den

Elektronen, aus denen es besteht, so groß ist wie unser Sonnensystem.

Alle Atome gleichen sich insofern, dass sie eine positive zentrale Sonne als Energie haben, um die eine oder mehrere negative Ladungen rotieren.

Der Durchmesser eines Elektrons verhält sich zum Durchmesser eines Atoms, wie sich der Durchmesser der Erde zum Durchmesser ihrer Umlaufbahn verhält, auf der sie um die Sonne kreist. Um genauer zu sein: es wurde herausgefunden, dass ein Elektron 1/8000 der Masse eines Wasserstoffatoms besitzt.

Es wird somit klar, dass Materie in der Lage ist, sich zu solch einem Grad zu verfeinern, dass sie nahezu über das menschliche Auffassungsvermögen hinausgeht. Wir sind gegenwärtig immer noch nicht in der Lage, diese Verfeinerung über das Elektron hinaus zu analysieren, und um selbst so weit zu kommen, mussten wir unsere physische Beobachtung der Auswirkungen mit unserer Vorstellungskraft ergänzen, um bestimmte Lücken zu füllen.

Aus all diesem ergibt sich schlichtweg, dass das Elektron nichts anderes als ein unsichtbarer Bewegungsmodus ist, eine Ladung elektrischer Energie.

Licht ist somit ein Bewegungsmodus. Er entsteht aus der Hin- und Her-Schwingung (Oszillation) unendlich kleiner Partikel, die sich auf die Zellen auswirken und jene umgewandelte Bewegung hervorrufen, die wir dann „Sehen" nennen.

Das Sonnen-Fluidum ist somit das Medium zur Übertragung der Potenzen, organisiert durch die verschiedenen Planeten. Sie enthält die grundlegenden Elemente des Lebens in Lösung (als Potenzial, Anm. d. Ü.). Es ist das einzige Fluidum, das ausreichend fein ist, um die delikaten Schwingungen zu tragen, die andauernd über das Radio ausgestrahlt werden und welche Eisen, Stahl und jedes andere Hindernis durchdringen, und die weder durch Zeit noch Raum eingeschränkt sind.

Die Bewegung der Planeten verursacht Schwingungen im Äther. Die Natur der Schwingungen, die sie aussenden, hängt von der besonderen Natur eines jeden Planeten ab, wie auch von seiner sich ständig ändernden Position im Tierkreis. Diese Ausstrahlungen werden allen Bereichen unseres Organismus durch die perfekte Leitungsfähigkeit des solaren Äthers aufgedrückt.

Im gesamten Universum ist das Gesetz von Ursache und Wirkung zu jeder Zeit in Betrieb. Es ist das oberste Gesetz; hier eine Ursache, da eine Wirkung. Sie können niemals unabhängig voneinander agieren. Das eine ergänzt das andere. Die Natur ist zu jeder Zeit bestrebt, einen perfekten Ausgleich zu schaffen. Das ist das Gesetz des Universums, und es ist auf immer aktiv. Universelle Harmonie ist das Ziel, dem jegliche Natur entgegen strebt. Der gesamte Kosmos bewegt sich innerhalb dieses Gesetzes. Die Sonne, der Mond und die Sterne werden aufgrund dieser Harmonie in ihren bestimmten Positionen gehalten. Sie bewegen sich auf ihren Umlaufbahnen, sie erscheinen zu bestimmten Zeiten an bestimmten Plätzen, und aufgrund der Genauigkeit dieses Gesetzes sind Astronomen in der Lage, uns zu sagen, wo die verschiedenen Sterne in 1000 Jahren erscheinen werden. Der Wissenschaftler gründet seine gesamte Hypothese auf diesem Gesetz von Ursache und Wirkung. Nirgendwo wird es angezweifelt, außer in der Domäne der Menschheit. Hier finden wir Menschen, die von Glück, Zufall, Unfall und Missgeschick sprechen; aber ist eines davon überhaupt möglich? Ist das Universum eine Einheit? Wenn dem so ist und es Gesetz und Ordnung in einem Teil gibt, muss sich das durch alle Teile hindurch ziehen. Das ist eine wissenschaftliche Ableitung.

Äther füllt allen interplanetaren Raum aus. Diese mehr oder weniger metaphysische Substanz ist die grundlegende Basis allen Lebens und aller Materie.

Materie in Bewegung stellt kinetische Energie dar. Äther unter Einfluss stellt potentielle Energie dar, und alle Aktivitäten des materiellen Universums bestehen aus dem Wechsel von einer dieser Formen von Energie in die andere.

Die Bewegung der Planeten stellt kinetische Energie dar, Materie in Bewegung. Uranus, zum Beispiel, ist eine

Ansammlung aus Materie mit mehr als 100.000 Meilen Umfang. Diese enorme Menge an materieller Substanz bewegt sich mit einer Geschwindigkeit von 4 Meilen pro Sekunde durch den Äther; die einen Durchmesser von 34.800 Meilen aufweist und mit ihr schließlich 34.800 Meilen Äther unter Einfluss bringt und ihn mit einer Geschwindigkeit von 4 Meilen pro Sekunde vorantreibt. Noch wichtiger ist aber, der Planet bewegt sich nicht nur vorwärts, sondern dreht sich auch um seine Achse. Er wird dann nicht nur den Äther vorwärts bewegen, sondern verdrillt ihn auch zu einer Spiralform. Diese spiralförmigen Schwingungen sind potentielle Energie.

Uranus tritt im Frühjahr 1927 in das Zeichen des Widders ein. Widder ist ein Kardinalzeichen, ein Feuerzeichen. Diejenigen, die unter den Einfluss dieses Zeichens kommen, sind ehrgeizig, vielseitig, unternehmerisch, kräftig, bestimmt, durchsetzungsfähig, impulsiv, feurig und temperamentvoll.

Mars ist der gewöhnliche Herrscher dieses Zeichens und bringt Unternehmungen, Wagemut, Energie und Fortschritt mit sich.

Jedoch schaffen die Schwingungen des Uranus eine ungewöhnliche Situation: Unternehmungen werden in Konflikt umgewandelt, Wagemut in Reibung, Energie in Unfall, Ehrgeiz in Feindschaft, Aufbau in Zerstörung. Die kraftvollen elektrischen Schwingungen vom Uranus, die mit den feurigen Schwingungen des Widders in Kontakt kommen, werden die Neigung haben, bestehende Umstände aufzubrechen, und indem sie das tun, bringen sie Brüche, Verlagerungen, plötzliche Katastrophen, Entfremdungen, Ausbrüche und Trennungen mit sich.

All das, was unbeschränkt und ungebunden ist, gelangt unter den Einfluss des Uranus. Seine Aufgabe ist es, zu erwecken und wieder zu beleben, umzugestalten, und das Leben derer zu erneuern, die unter seinen magischen Zauber kommen.

Schnell und unerwartet bringt er Donnerschlag, Katastrophen und unbedachte Erfahrungen, da mit ihm in der Tat „das Unerwartete das ist, was immer geschieht."

Er wartet damit, etwas zu befallen, aber aus diesem Bösen entsteht immer etwas Gutes. Er gibt keinerlei Warnung hinsichtlich der Natur seiner blitzartigen Kataklysmen, aber er kommt, beladen wie er ist, mit einer Palette von Farben daher, deren Schattierungen auf ganz eigene Weise mit den Farben derjenigen Schwingungen verwoben sind, auf die sie treffen.

Wir können dann in den kommenden Jahren (ausgehend von den 20er Jahren des 20. Jahrhunderts, Anm. d. Ü.) mit vielen Naturkatastrophen rechnen — Stürme, Unheil, unerwartetes Wetter— mit der sich daraus ergebenden Zerstörung von Leben und Eigentum.

Diese sind die natürlichen und unvermeidbaren Resultate des Konflikts der unsichtbaren Kräfte, und es scheint kein Weg zu geben, diesem unsichtbaren Krieg zu entkommen oder ihn zu vermeiden.

Unglücklicherweise wird es hiermit aber nicht aufhören. Die Schwingungen erreichen den Geist der Menschen und sie reagieren mit ihren Impulsen und Gefühlen, und wenn die Schicksale der Nationen nicht in den Händen von Menschen liegen, welche die Gefahr erkennen und wissen, wie die Situation zu ändern, anzupassen oder zu kontrollieren ist, wird Krieg daraus entstehen.

Krieg ist schlichtweg das Ergebnis von Ignoranz und Vorurteil. Versuche dir das Resultat dieses nicht vorhandenen Wissens bezüglich der natürlichen Gesetze vorzustellen. Kannst du die Situation wahrnehmen? Denke für einen Moment nach. Siehe die Armee der Toten, wie sie vorbeizieht, die großartigste Armee, die je in der Geschichte der Welt zusammengestellt wurde. Männer aus Deutschland, aus Frankreich, aus Italien, aus England, aus Belgien, aus Österreich, aus Russland, aus Polen, aus Rumänien, Bulgarien, aus Serbien, aus der Türkei, ja, auch aus China, Japan, Indien, Neuseeland, Australien, Ägypten und Amerika, sie marschieren an dir vorbei, still, ohne einen Ton von sich zu geben, da Tote sehr leise sind, sie marschieren den ganzen Tag lang, und den nächsten, und selbst am nächsten Tag kommen sie immer noch; Tag für Tag, Woche für Woche und

Monat für Monat, da es monatelang dauern würde, bis diese Armee von 10 Millionen Menschen an einem bestimmten Punkt vorüber marschiert ist. Alle tot, und tot nur deswegen, weil einige wenige Männer in hohen Positionen nicht wussten, dass einer Kraft immer mit gleicher oder mit einer höheren Kraft begegnet wird; sie wussten nicht, dass ein höheres Gesetz immer ein niedrigeres Gesetz kontrolliert, und weil intelligente Männer und Frauen solchen, wenigen Männern erlaubt haben, für sie das Denken zu übernehmen, muss die gesamte Welt in Schutt und Asche verwandelt werden, und die Überlebenden müssen nun für den Rest ihres Lebens arbeiten, um nur soviel wie die Zinsen der Verpflichtungen zu begleichen, die im letzten Krieg eingegangen wurden, und ihre Kinder werden diese Verpflichtungen vererben, und sie wiederum an ihre Kinder weitergeben und an die Kinder ihrer Kinder.

„Auch wenn die Mühlen Gottes langsam mahlen,
So mahlen sie doch äußerst fein,
Obgleich geduldig wartend Er verweilt,
Mit Genauigkeit Er alles fügt ein."

TEIL ACHT

TONSCHWINGUNGEN

Alles, was das Ohr in der schönen und wundervollen Musik eines Symphonieorchesters wahrnimmt, ist lediglich Bewegung in einer Dimension, oder Bewegung auf einer geraden Linie.

Lärm und Töne sind dann ebenso Begriffe, die einen Unterschied beschreiben. Lärm ergibt sich aus einer nicht-rhythmischen Schwingung. Töne sind Geräusche, die Kontinuität haben und Eigenschaften wie Tonhöhe, Frequenz, Intensität und Qualität besitzen.

Die Schwingungen produzieren sowohl verschiedene Effekte in der Atmosphäre, wie z.B. Verdrängung, Geschwindigkeit und Beschleunigung, als auch Veränderungen der Dichte, des Drucks und der Temperatur.

Aufgrund der Anpassungsfähigkeit der Atmosphäre treten diese Verdrängungen periodisch auf und werden von ihrem Ursprung radial ausgestrahlt. Diese Störungen, wie sie in der Luft bestehen, sind das, was Tonwellen ausmachen.

Fast alle Methoden der Aufnahme von Tonwellen machen Gebrauch von einer Membran als Empfänger.

Das Trommelfell, der Telefonhörer, der Plattenspieler und das Radio funktionieren in der Weise, dass eine Membran durch die unmittelbare Einwirkung von Tonwellen in Schwingung versetzt wird.

Die Membran reagiert mit bemerkenswerter Leichtigkeit auf eine große Anzahl von Tonkombinationen; das Telefon und das Radio sind ein überzeugender Beweis vom Grad der Perfektion, den solche Instrumente erreichen.

Aber noch viel wundervoller ist die Tatsache, dass eine Membran im Umkehrschluss in Schwingung versetzt werden und somit Tonwellen jeglicher Art reproduzieren kann, so wie es bei der Membran eines Plattenspielers geschieht, welche mechanisch über die Aufnahme bewegt wird.

Die Intensität einer einfachen schwingungstechnischen Bewegung verändert sich zum Quadrat der Amplitude. Aus diesem Grund sind Schwingungen in ihrer ursprünglichen Form gewöhnlich nicht hörbar, weil sie in der Atmosphäre keine Wellen verursachen, dargestellt am Beispiel der Saite einer Violine ohne ihr Instrument oder des Mundstücks einer Klarinette ohne die Tube.

Ein Geräusch erzeugendes Instrument hat zwei Funktionen —einen Generator und einen Resonator— was durch die Saiten eines Klaviers und dessen Klangkörper dargestellt werden kann; die Stimmbänder des menschlichen Körpers und dem Mund; und der

Fellmembran einer Trommel und deren Korpus; dem Mund einer Orgel und deren Pfeifen.

Es wird mit Leichtigkeit erkannt, dass der Resonator keine Töne herausgeben kann, außer denen, die er vom Generator empfangen hat. Die Qualität des Tones wird dann von dem Grad der Gleichartigkeit abhängen, die zwischen dem Generator und dem Resonator besteht.

Um einen Klangkörper einzustellen, stimmt man den Resonator auf die natürliche Schwingung einer bestimmten Frequenz ab. Wenn beide aufeinander abgestimmt sind, wird die Reaktion von höchster Effizienz sein; wenn sie aber unstimmig sind, wird es wenig oder gar keine Resonanz geben und somit keine Effizienz.

Hören ist das Gefühl, das durch den Hörnerv erschaffen wird: Tonschwingungen werden dem Gehirn mitgeteilt und befinden sich somit im Raum des Bewusstseins. Der Hörnerv verändert die Schwingungen des klangvollen Äthers so, dass die Tonwellen im Inneren dupliziert werden. Somit ist es die Handlung dieser Energie, die den Nerv stimuliert, welcher das Gefühl des Hörens produziert, was in Wirklichkeit in uns die Wiederherstellung dessen ist, was vernommen wurde.

Um es klar zu machen: Es mag ein wunderschönes Liebeslied geben, einen Militärmarsch, einen Trauergesang, aber ohne den Gebrauch eines Verstärkers bist du dir nichts dessen bewusst; jedoch mit dem Gebrauch dieses Instruments kannst du dem einen oder dem anderen durch einen einfachen Auswahlprozess zuhören, und deine Emotion der Liebe oder des Triumphs oder der Trauer wird durch die verschiedenen Schwingungen hervorgerufen, welche von einen Sender Tausende Meilen entfernt in den Äther projiziert wurden.

Die von der Sonne stammende Energie überlagert sich während des Tages mit jeglichen Tönen. Aus diesem Grund ist das Radio immer nach Sonnenuntergang leistungsfähiger, und im Winter mehr als im Sommer. Mit anderen Worten: Die Hörbarkeit verbessert sich, wenn das Licht abnimmt.

Während der totalen Sonnenfinsternis am 10. September 1923, war die Sendeleistung des Radios um mehr als ein 15-faches höher. Um genau zu sein, die Hörbarkeit des Radios um 9:00 Uhr morgens am Tag der Finsternis betrug 32, während sie beim Höhepunkt der Finsternis 490 betrug.

Der Äther ist das universelle Verbindungsmittel, der das Universum zusammenhält und zu einem einheitlichen Ganzen macht, anstatt zu einer chaotischen Ansammlung unabhängiger, voneinander getrennter Fragmente. Er ist das Vehikel zur Übertragung jeglicher Art von Kraft.

Er ist somit das Lagerhaus potentieller Energie. Er ist die alles durchdringende Substanz, die alle Masseteilchen zusammenhält. Er ist das vereinende und bindende Medium, ohne das, wenn Materie überhaupt existieren könnte, sie nur als chaotische und voneinander getrennte Fragmente existieren würde.

Er ist das universelle Medium der Kommunikation.

Die Aktivitäten der Natur werden durch die Entdeckung der ihr zu Grunde liegenden Ursachen auf eine Reihe von Gesetzen reduziert, und diese Ursachen werden durch Beobachtung und die Klassifizierung von Übereinstimmungen gefunden.

Es gibt keine neuen Gesetze. Alle Gesetze sind zeitlos — sie ändern sich nie. Sie bestanden immer und werden auf ewig weiterhin bestehen. Alle Manifestationen körperlichen Lebens sind von diesen Gesetzen abhängig. Die Gesetze, welche die chemischen Verbindungen regeln, die Bewahrung von Energie, elektrische Strahlung, Chemie und Physik sind alle im organischen Reich anwendbar, und die Umstände und Erfahrungen, auf die wir treffen, hängen von unserem Verständnis und der Anwendung dieser Gesetze ab.

Die große Bandbreite, die eine Violine gegenüber allen anderen Orchesterinstrumenten aufweist, zeigt sich nur über die Kunstfertigkeit des Violinisten in sein Instrument. Die Tonqualität, wie auch die Wellenform, verbleiben so lange konstant, wie der Bogen in Druck, Geschwindigkeit und Richtung konstant gehalten wird.

Diese Wellenformen erregen Emotionen der Freude, Leidenschaft, Kraft, Niedergeschlagenheit oder Angst, indem sie Schwingungen in den Nerven des sympathischen Systems verursachen.

Diese Emotionen sind das Tor zur Seele, dem heiligsten aller heiligen Orte. Alle Wissenschaften führen zu diesem unsichtbaren Vorraum und zeigen nach innen.

Musik ist die Wissenschaft von Geräuschen, Tönen, Reimen, mathematischen Verhältnissen und selbst der Stille, sie alle werden durch schlichte Schwingungen im Äther übertragen, welches die einzige Methode für diesen Vorgang ist; und dennoch wird mit ihnen die tiefste und umfassendste Emotion erweckt. Jemand, dessen Herz dem gesprochenen Wort gegenüber hoffnungslos verhärtet und dem geschriebenen Wort gleichgültig gegenübersteht, kann durch den unsichtbaren, unhörbaren, unbegreiflichen und unaussprechlichen Pathos ätherischer Schwingungen eines begnadeten Musikers bewegt werden.

Aber ganz gleich, wie großartig ein Künstler sein mag, sein Platz auf der Messlatte aller Dinge hängt von seiner Fähigkeit ab, in Harmonie mit seiner Umgebung zu handeln. Wenn jedes Mitglied eines Orchesters unabhängig von seinen Mitspielern agieren würde, würde das vereinte Ergebnis eine schmerzhafte Unstimmigkeit sein, obwohl sie voneinander getrennt durchaus eine angenehme Harmonie erzeugen können.

Jeder von uns ist ein integraler Bestandteil eines organischen Ganzen und muss somit in einem großen Konzert mitspielen. Jeder muss sich bewusst auf die anderen einstimmen und seinen bestimmten Teil in Bezug auf das große Ganze darbieten. Er darf weder Abschnitte der anderen stören, noch darf er ein Solo spielen, wenn eine Symphonie auf dem Programm steht.

Der goldene Laut eines Kornetts, das vogelähnliche Zwitschern einer Flöte, die imposante Klangfülle einer Posaune, der näselnde Reichtum einer Klarinette, die klingende Klarheit einer Glocke, der blecherne Ton eines Horns, die lieblichen Übergänge einer Violine, die bezaubernde Süße einer Harfe, die verzückenden Noten einer Piccoloflöte und der kriegerische Trommelwirbel sind alle notwendig und maßgeblich in dem großartigen Ensemble eines Orchesters.

Wenn du den richtigen Mechanismus an dein Ohr hältst, kann ein Stück Musik im Moment seiner Ausstrahlung von dir so klar und deutlich empfangen werden, als würdest du im selben Raum stehen. Das zeigt, dass diese Schwingungen sich in alle Richtungen ausbreiten. Wo immer es ein Ohr zum Hören gibt, wird es hören können.

Wenn es dann eine Substanz gibt, die so fein ist, dass sie den Ton eines Musikinstruments in jede Richtung ausstrahlen kann, so dass jedes menschliche Wesen ihn hören kann, falls es den richtigen Mechanismus besitzt, ist es dann nicht auch möglich, dass dieselbe Substanz einen Gedanken ebenso bereitwillig und ebenso gewiss übertragen kann?

Wenn es möglich ist, die Emotionen der Liebe oder der Macht oder der Angst durch das Senden von Schwingungen über den Äther über Tausende Meilen hinweg zu entfachen, so dass jeder mit ihnen Verbindung aufnehmen kann, ist es dann nicht genauso möglich, dass jegliche Emotion und jeglicher Gedanke auf die gleiche Art und Weise gesendet werden kann, einfach nur vorausgesetzt, dass der Sender ausreichend kraftvoll ist?

Es ist möglich, aber diese Gedanken, Emotionen und Gefühle werden nicht bewusst empfangen, aus dem hervorragenden und schlichten Grund, dass wir uns nichts anderem bewusst sind als dem, was uns über unsere fünf Sinne erreicht.

Die fünf Sinne sind die einzige Methode, mit der wir mit der objektiven Welt in Kontakt treten können, und da wir keinen Gedanken sehen können, ihn auch nicht hören, schmecken, riechen oder ertasten können, gibt es auch keinen Weg, durch den wir uns seiner bewusst werden können.

Das aber bedeutet nicht, dass wir ihn nicht empfangen

können; in der Tat erreicht uns der bei weitem größte Anteil unserer Gedanken unterbewusst oder intuitiv.

Das Unterbewusstsein ist mit einem vollständigen System von Nerven ausgestattet, die jeden Teil des Körpers erreichen, und dieses System wird das sympathische Nervensystem genannt (oder auch vegetatives Nervensystem, Anm. d. Ü.); es ist vollkommen getrennt und unterschieden vom objektiven Nervensystem (das zentrale Nervensystem, Anm. d. Ü.). Jede Pore deiner Haut besitzt ein kleines Härchen, welches eine Antenne ist, die sich in den Raum erstreckt und unendlich feinfühliger ist als die Antenne, welche die Nachrichten deines Radios empfängt. Aus diesem Grund empfangen die wilden Tiere des Dschungels Nachrichten der Gefahr lange bevor ein Jäger sie überhaupt zu Gesicht bekommt. Sie fühlen die Gefahr und sind verschwunden.

Der Gedanke ist die schwingungstechnische Kraft, die durch das Einwirken des Gehirns auf den geistigen Äther verursacht wird. Wenn wir denken, muss der Geist zuerst durch eine besondere Energie belebt werden. Dieses Beleben des Geistes führt dazu, dass er auf den Reiz dieser Energie reagiert, und ein Gefühl entsteht im Geist als Resultat dieser Belebung. Danach folgt die Belebung des Gehirns, die geistige Handlung des Denkens und die Durchführung des Gedankens als Resultat dieses Denkens. Fange an zu denken. Die Gedanken folgen einander in schneller Folge. Ein Gedanke wird einen weiteren vorschlagen. Bald wirst du von einigen dieser Gedanken überrascht sein, welche dich zu einem Kanal ihres Ausdrucks gemacht haben. Du wusstest gar nicht, dass du so viel über dieses Thema wusstest.

Du wusstest gar nicht, dass du sie in solch eine wunderschöne Sprache kleiden konntest. Du bewunderst die Leichtigkeit und Schnelligkeit, mit der die Gedanken ankommen. Woher kommen sie? Von der einen Quelle aller Weisheit, aller Macht und allen Verständnisses. Du hast die Quelle allen Wissens gefunden. Jeder Gedanke, der jemals gedacht wurde, besteht weiterhin, bereitwillig auf jemanden wartend, der den Mechanismus anschließt, durch den er Ausdruck finden kann. Dieser Mechanismus ist das Gehirn. Du kannst somit die Gedanken eines jeden Weisen, eines jeden Künstlers, eines jeden Finanziers und eines jeden Industriekapitäns denken, der jemals gelebt hat, weil Gedanken niemals sterben.

TEIL NEUN

FARBSCHWINGUNGEN

Die verschiedenen Geschwindigkeiten des Lichts beinhalten all die Herrlichkeit des Universums. Die Geschwindigkeiten verringern sich vom weißen Licht (186.000 Meilen pro Sekunde) über Violett, Indigo, Blau, Grün, Gelb, Orange und Rot bis hin zum Schwarz (140.000 Meilen pro Sekunde). Es ist aufgrund dieser variierenden Bewegungsmodi der Geschwindigkeiten, dass das Auge durch das Gefühl, welches wir Farbe nennen, betroffen ist.

Die molekulare Zusammensetzung eines Körpers bestimmt den Charakter und die Geschwindigkeit der Lichtschwingungen, die sie auf das Auge zurückwirft, und gibt somit jedem Körper ihre eigene charakteristische Farbe. Somit wird der Begriff „Farbe" dazu verwendet, die verschiedenen Erscheinungen zu beschreiben, welche die Materie unabhängig von ihrer Form dem Auge präsentiert.

Schwarz setzt sich aus gleichen Teilen von Rot, Gelb und Blau zusammen. Weiß besteht aus fünf Teilen Rot, drei Teilen Gelb und acht Teilen Blau. Normales oder natürliches Grau besteht zu gleichen Anteilen aus Weiß und Schwarz. Schwarz bedeutet somit die Kombination aller Farben, während Weiß die Reflektion aller Farben bedeutet; und jede Farbe wiederum ist nur ein Bewegungsmodus oder die unterschiedliche Empfindung, die wir erleben, wenn diese Schwingungen auf unseren Sehnerv einwirken.

Farbe ist somit eine der Manifestationen der Schwingung, und alle Schwingungen zeigen sich in einer entsprechenden Farbe, wobei die Farbe schlichtweg ein Hinweis auf eine unsichtbare chemische Aktivität ist.

Eine Farbe zeigt durch ihre spezifische Schwingungsrate nicht nur die Qualität, sondern auch den Wert einer jeden chemischen Substanz an, und alle Objekte einer bestimmten Farbe haben die entsprechende schwingungstechnische Aktivität und ihren schwingungstechnischen Wert.

So wie die Farbe ist, ist auch die Schwingung.

Die Schwingungsskala der Natur ist in ihrem Ausmaß äußerst breit gefächert. Sie beginnt mit Tönen, verschmilzt dann zu thermalen Wärmewellen, und während die Temperatur ansteigt, klettern diese Schwingungen die Skala hinauf und verschmelzen zu strahlender Hitze im Infrarotspektrum, welches sich bis ins sichtbare Rot des Lichtspektrums erstreckt.

Die Schwingungen oberhalb von Infrarot sind:

Sichtbares Rot	15 Billionen
Orange	20 Billionen
Gelb	28 Billionen
Grün	35 Billionen
Blau	50 Billionen
Indigo	60 Billionen
Violett	75 Billionen

Die Empfindung von Farbe hängt somit von der Anzahl der Schwingungen des Lichtäthers ab, ebenso wie die Tonhöhe einer Note von der Anzahl der Schwingungen des Klangkörpers abhängt. Die Anzahl der Schwingungen für jede Farbe ist gleichbleibend. Diese sieben verschiedenen Schwingungsraten, die wir als Farben kennen, bilden das sichtbare Lichtspektrum. Darüber hinaus gibt es Schwingungen, die als Ultraviolett bekannt sind. Diese erstrecken sich bis in die Schwingungen hinein, die wir Radioaktivität nennen, von denen Radium und die Röntgenstrahlen die bekanntesten Beispiele sind. Hiermit endet sowohl das Lichtspektrum als auch die Schwingungsskala der Natur, zumindest was unser heutiges Wissen anbelangt. Weil die Qualität und der Wert jeglicher Form auf Energie mit der jeweiligen Schwingungsrate basieren, folgt daraus, dass Farbe die Qualität der schwingenden Energie angezeigt.

Farbe ist, wie die diatonische Tonleiter, in sieben unterschiedliche Noten unterteilt.

Rot hat einen belebenden Effekt. Der störende Einfluss von Rot wird durch die Redensart „die Stadt rot anmalen" sehr gut dargestellt, was auf Rücksichtslosigkeit und Zerstörung hinweist („Die Stadt rot anmalen" ist eine bekannte amerikanische Redewendung, die 1973 in „High Plains Drifter" von und mit Clint Eastwood verfilmt wurde, Anm. d. Ü.).

Gelb ist nervenstärkend. Es ist der Höhepunkt der Leuchtkraft und symbolisiert das Sonnenlicht. Es erzeugt das Gefühl der Freude und des Überschwangs.

Grün hat einen beruhigenden und besänftigenden Effekt. Es ist die Farbe der blühenden Natur und weist auf Leben hin. Es kontrolliert geistige Aktivität und weist auf Schlaf hin.

Blau weist auf Raum und immense Weite hin. Es ist unterdrückend und abkühlend. Jemand, der sich andauernd in einer blauen Umgebung aufhält, wird ihn früher oder später spüren, den „Blues". Es ist eben eine melancholische Farbe.

Violett ist magnetisch und abkühlend.

Aufgrund der Wellenlängen hat jede Farbe ihre bestimmte Frequenz oder Schwingung. Rot hat eine längere Wellenlänge als Blau, welche im Verhältnis zu ihr viel kürzer ist. Deshalb erregen die schnellen Klänge einer Trommel die Emotionen der Wilden —sie drücken in Tönen das aus, was Rot als Farbe ausdrückt, während die neutralen Noten einer Flöte oder eines Horns einen beruhigenden Einfluss haben. Sie drücken in Tönen das aus, was Blau als Farbe ausdrückt.

Während sie durch die verschiedenen Nerven wahrgenommen werden, werden diese Manifestationen erkannt, da der Geist des Menschen über die Nerven die Eindrücke der Welt in bewusste Fakten umwandelt. All diese verschiedenen Schwingungsraten unterscheiden sich nur in Richtung, Rate und Frequenz. Sie werden von denjenigen Nerven oder Nervengruppen interpretiert, die körperlich darauf eingestellt sind oder zu dem Zweck zusammengefasst wurden, spezielle Manifestationen schwingungstechnischer Aktivität auszuwählen und auf sie zu reagieren.

In ihrer Auswirkung auf den Geist wirkt Farbe sowohl körperlich als auch psychisch. Der körperliche Effekt ist ein chemischer; der psychische ein psychologischer. Das Nervensystem reflektiert seine Störungen auf den Geist; dementsprechend folgen die Empfindung von Schmerz oder Freude und die Gefühlszustände, die sie begleiten. Das trifft auf alle Farben zu. Die Primärfarben sind radikal, elementar und in ihrer Schwingungsrate oder Wellenlänge festgelegt. Wenn somit die Auswirkungen der Gefühle, die sie im Geist hervorrufen, bekannt sind, kann man sich für immer auf ihre Gleichförmigkeit verlassen.

Rot ist thermisch und stimulierend, Blau ist elektrisch und erdrückend. Sie wirken sich gleichförmig auf alle Lebensformen aus. Die Spektralfarbenanalyse beweist, dass die sieben Farben des Lichts aus Schwingungen oder Wellenlängen mit mathematischer Genauigkeit bestehen.

Da sich alle schwingungstechnischen Aktivitäten in Form, Farbe und Tönen ausdrücken, folgt daraus, dass die Energie immer aus genau der Farbe, Abstimmung oder Abtönung besteht, die zu dieser bestimmten Schwingungsrate gehört. Das gilt nicht nur für die Farben, Schattierungen und Abtönungen, die innerhalb des sichtbaren Lichts wahrgenommen werden können, sondern auch für die feineren Kräfte der Natur, die über die körperlichen Sinne hinausgehen.

Alle Energie, ganz gleich welcher Qualität, schwingt ohne Unterlass und nimmt aufgrund dieser Schwingung die Farbe, Schattierung oder Abtönung an, die zu dieser bestimmten Schwingungsrate gehört.

Die Primärfarben sind Rot, Blau und Gelb. Alle anderen Farben sind Verbindungen dieser Farben in bestimmten Verhältnissen. Rot ist die körperliche Farbe und die Farbe aller körperlichen Energie. Die verschiedenen Schattierungen von Rot haben ihre verschiedenen Bedeutungen, doch im Allgemeinen ist Rot die körperliche Farbe.

Rot ist auch die Farbe des Willens. Wo immer der Wille ausgedrückt wird, nimmt er Rot an, weil der Wille das nach außen fließende oder sich verwirklichende Prinzip ist, die Erweiterung oder der Ausdruck des Selbst in Form. Somit muss er sich im Körperlichen und durch das Körperliche ausdrücken; als Konsequenz daraus wird er farblich rot.

Die zweite Primärfarbe ist Blau, die Farbe des Gefühls.

Alle Energie, die auf einer höheren Oktave schwingt, ist entweder blau oder rot, je nachdem, ob sie positiv oder negativ ist —Blau ist das Negative, Feminine oder die magnetische Seite der ätherischen Materie, und Rot das Positive, Maskuline oder die ausstrahlende Seite. Je blauer die Materie ist, desto magnetischer ist sie, je rotfarbiger, desto elektrischer ist sie. Wille und Wunsch sind somit die zwei Pole ätherischer Masse —Wille ist rot, Wunsch ist blau.

Die dritte Primärfarbe ist Gelb und sie ist die Farbe der geistigen Ebene. Alles, was auf der geistigen Oktave schwingt, ist Gelb. Je dunkler das Gelb, desto gröber und materieller ist der Charakter des Gedankens; je leichter das Gelb wird, desto spiritueller ist er. Je klarer das Gelb ist, desto reiner ist der Gedanke. Je heller das Gelb ist, desto mehr zeigt es auf einen brillanten Geist.

Gelb und Orange symbolisieren die höchste Funktion und Kraft unserer Natur und verkörpern auf herausragende Weise das „wissenschaftliche" Temperament.

Weiß ist die Verbindung all dieser sieben Farben. Sie alle verbinden sich, um den weißen Strahl zu bilden. Das Prisma hat die Fähigkeit, das weiße Licht in die sieben prismatischen Strahlen aufzuteilen, womit weißes Licht eben wirklich nur die Kombination dieser Strahlen ist.

Reines Weiß ist Einheit. Es ist in der Tat der wahre

Kern des Ausgleichs. Es ist der Stern der Hoffnung, der Reinheit, welcher körperliche Kraft symbolisiert. Es ist die Sprache des Wissens, des Ausdrucks und der Spiritualität.

Jungfräuliches Weiß bedeutet nicht nur Sauberkeit, sondern Reinheit; und natürlich wird der Geist sowohl bewusst als auch unterbewusst davon berührt.

Schwarz ist das Gegenteil von Weiß. Weiß bedeutet Geist. Schwarz deutet auf extreme Materialität hin; keine Materialität im Sinne körperlicher Substanz, sondern Materialität als die Antithese des Geistes. Schwarz deutet auf Zerfall, welcher zur Vernichtung führt.

Schwarz ist unterdrückend und trist. Es steht für die negativen Umstände von Schwermut, Angst, Fehler, Krankheit, Ignoranz, Pessimismus und Hoffnungslosigkeit.

Schwarz verkörpert das universelle Negative, in dem alle Farben versteckt sind, absorbiert, und ist das Symbol des Todes, der Vergessenheit und Vernichtung.

Scharlachrot ist die Farbe des Ärgers, die Farbe, die der Astralkörper annimmt, wenn er sich in einem äußerst verärgerten Zustand befindet. Ärger ist regelrecht die kraftvolle Aktion des Willens, sich auf eine positive Art und Weise nach außen zu bewegen. Das ist es, was den Zustand des Ärgers erschafft.

Die Farbe des Äthers ist rosa, und obwohl seine Schwingung so intensiv ist, sind nur wenige in der Lage, die Schwingung zu sehen; aber Äther ist immer rosa.

Purpur ist die Farbe der Zuneigung und des menschlichen Fühlens. Es ist die Selbstbezogene Farbe, weil unsere Zuneigung anderen Personen gegenüber nur in dem Maße zukommt, wie sie ihren Bezug zu uns haben.

Zuneigung ist ausschließlich ein körperliches und animalisches Gefühl.

Rosé ist die Farbe des Lebens, und je mehr wir uns dem Körperlichen nähern, desto rötlicher wird sie. Während das Leben unter den Einfluss der Emotionen gebracht wird, nimmt es welch auch immer aufgefundene Farbe an und vermischt sich mit diesem Rot oder Rosé.

Indigoblau ist die Farbe des Verborgenen. Das dunkle Indigo nimmt am Element der Zauberei teil, während das reine Indigo ein Symbol für reinen Okkultismus ist.

Violett ist die Farbe der Magie, weil sie soweit oberhalb der gewöhnlichen Schwingungsrate liegt, da sie die Kraft der Neutralisierung besitzt und niedrigere Schwingungsraten sogar in ihre eigene umwandeln kann, welches ihr die Kraft der Alchemie gibt.

Lila ist Blau vermischt mit Rot, der positive Aspekt der Emotion; es ist die Farbe der Meisterschaft und bezeichnet den Meister.

Lavendel, ein großer Teil Weiß gemischt mit Lila, weist auf den Meister auf der Astralebene hin, ist aber im Begriff, sich dem Spirituellen anzunähern.

Grün ist die Farbe der Handlung. Sie drückt sich durch Moll-Akkorde aus und ist der positive Ausdruck des inneren Wesens, wie es sich durch Handlung Ausdruck verschafft.

Selbstlose Handlung —Handlung, die in ihrem Kern vollkommen uneigennützig ist, die überhaupt keinen Bezug zum Individuum hat— ist ein klares Smaragdgrün, und je mehr sie sich dem Spirituellen nähert, desto blasser wird es.

Braun ist in gewisser Hinsicht eine mystische Farbe, da sie das Vorhandensein von Weiß, Rot und Schwarz in bestimmten Verhältnissen aufzeigt. So wie die Schattierung ist, so wird auch ihr Einfluss sein.

Da alle Farben im Weiß enthalten sind, so besteht auch jegliche Materie aus einfacheren oder elementaren Substanzen, und alle Veränderungen ergeben sich aus der Zerstreuung oder der Zusammenfassung dieser elementaren Masse.

Bewegung ist die Hauptursache für Farben und alle anderen bestehenden Phänomene.

Um den Ursprung oder den Fortschritt einer Auswirkung —sichtbar oder unsichtbar—

herauszufinden, muss das Ziel jenes sein, die Bewegung oder Bewegungen zu klassifizieren, die dieses Phänomen ins Leben gerufen haben.

Das Prinzip der Schwingung durchdringt die gesamte Wissenschaft der Strahlung oder Bewegung und kann allgemein so formuliert werden, dass ein Körper Wellen absorbiert, welche die gleiche Wellenlänge wie diejenigen haben, die er ausstrahlt, weil er selbst schwingt.

Die grundlegende Bedingung ist somit die, dass der Empfänger den gleichen Schlüssel oder die gleiche Wellenlänge wie der Sender oder die Ursache der Bewegung aufweist.

Die Ursprungswelle gibt Energie an die Welle ab, auf die sie sich auswirkt. Während die eine an Energie gewinnt, verliert die andere sie, und das dauert solange an, bis der Vorgang der Absorption vollendet ist.

Dieses Prinzip gilt für Licht, Wärme, Töne, Farbe oder Energie jeglicher Art, bei dem es durch den Vorgang der Strahlung verbreitet wird.

Still saß der Künstler ganz allein,
Christus schnitzend aus dem Elfenbein.
Stück für Stück, mit Müh' und Schmerz,
Den Weg er fand zum unsichtbaren Herz,
Das noch hielt versteckt die ersehnte Sache,
Bis das Werk erhaben stand, das wohl Durchdachte.

—Boker's Elfenbein-Schnitzer

TEIL ZEHN

WÄRMESCHWINGUNGEN

Der Einfluss von Wärme ist so wohltuend und manchmal so grausam, dass es nicht überrascht, dass sie seit ewigen Zeiten nicht nur die Aufmerksamkeit, sondern manchmal auch die Bewunderung der Menschheit auf sich zog.

Es ist durch das Einwirken der Wärme, wodurch jegliches tierische und pflanzliche Leben entsteht. Ohne Wärme gäbe es auf diesem Planeten kein Leben, so wie wir es kennen.

Wärme ist die Erregung, die durch die Bewegung von atomaren Masseteilchen entsteht. Wenn wir die verschiedenen Auswirkungen der Wärme betrachten, werden wir feststellen, dass Materie und Bewegung die notwendigen Bestandteile der Wärme sind.

Wärme in Kontakt mit gewissen Substanzen führt zu einem Phänomen, dass wir Verbrennung nennen. Diese wird durch die Vereinigung von Sauerstoff und Kohlenstoff verursacht, welche gleichzeitig sowohl Wärme als auch Licht produziert. Das Ergebnis ist der Zerfall von Substanz.

Es gibt weitere Ursachen in der Verbrennung, die schneller vonstatten gehen. Nimm zum Beispiel ein Stück Schießwolle. Schießwolle ist eine Verbindung von Kohlenstoff, Wasserstoff, Sauerstoff und Stickstoff.

Wenn Wärme zugeführt wird, werden die vier Arten dieser Atome sofort getrennt und hinterlassen keine Spur der Schießwolle. Wo ist sie hingegangen? Der Kohlenstoff und ein Teil des Sauerstoffs haben Kohlensäure gebildet, während sich der Rest des Sauerstoffs mit dem Wasserstoff vereinte und Dampf bildete. Der Stickstoff verblieb ungebunden.

Wir erkennen daraus, dass Wärme nicht die Natur des Atoms verändert, sie verändert schlichtweg ihre respektive Position zueinander.

Das Zuführen von Wärme bewirkt nicht nur eine chemische Veränderung in der Natur der Substanzen, sondern indem sie das tut, setzt sie auch Energie frei, und es ist sehr interessant zu erkennen, dass die freigesetzte Energie immer Sonnenenergie ist.

Bei der Verbrennung von Kohle sind es die Reste riesiger Wälder, die lange vor dem Menschen auf der Erde bestanden. Diese Wälder waren während ihres Bestehens von der Energie abhängig, die sie von der Sonne erhielten. Wir verbrennen nun die Kohle, welche die Energie freigesetzt, die vor Tausenden von Jahren von der Sonne ausgestrahlt und von den Bäumen gespeichert wurde.

Wenn wir Wasser der Wärme aussetzen, vereinen wir schlichtweg die in den Wäldern oder der Kohle gespeicherte Sonnenenergie mit dem Wasser und wandeln es in Dampf um.

Wenn wir Gebrauch von hydraulischer Kraft machen, benutzen wir wiederum die Energie der Sonne, die benötigt wurde, um das Wasser aus dem Meer oder dem See auf den Berg zu pumpen.

Die Energie des Windes ist nichts anderes als die Kraft, die durch die Kondensation von Dampf auf die Atmosphäre übertragen wurde, und sie wurde somit von der Sonne empfangen.

Alles tierische Leben hängt von Nahrung ab, und diese Nahrung ist das Resultat der Auswirkung von Sonnenenergie auf die Erde. Jedes Wasserstoffatom im Blut eines Tieres setzt einen gewissen Betrag an Sonnenenergie frei, und diese wiederum verbindet sich mit Sauerstoff und entschädigt die Natur in einer anderen Form.

Energielinien, die ein Zentrum durchqueren, verstärken sich im Brennpunkt zu Wärme oder Licht oder zu beiden. Schwebende Energie, die durch die intensivierten, lokalen Zentren fließt, wird in einem Ruhezustand fixiert und materialisiert sich zu statischer Materie.

Materie ist der Schlafzustand und wird für einen energetisierenden Einfluss zum Kern des Wirkungswiderstandes (induktiv, weil es sich um die höchst —oder schnellstschwingende Ebene der Elektrizität handelt, Anm. d. Ü.); Sonnen werden geboren —die Brennpunkte und Lichtbogen in den Tiefen des Alls (der Begriff Lichtbogen bezieht sich auf das gleißende Licht, welches beim Elektroschweißen entsteht; dem ältesten Verfahren industrieller Metallverarbeitung, Anm. d. Ü.).

Es gibt eine Brücke zwischen Energie und Materie, die ausnahmslos benutzt wird. Diese Brücke ist die Wärme, die sich in Übereinstimmung mit der hinzugefügten Energie, dem angetroffenen Widerstand und der Zeit ausdrückt. Wenn es großen Widerstand über eine kurze Zeit gibt, wird die Wärme intensiv sein; wenn der Widerstand gering ist oder es einen längeren Zeitraum in Anspruch nimmt, wird die Wärme im gleichen Verhältnis verringert oder ausgedehnt. Das passiert nicht, weil es eine geringere Menge an Wärme gibt, sondern weil sie sich im Verhältnis zu der kürzer oder länger verbrauchten Zeit ausdehnt.

Materie in Bewegung und Äther unter Einfluss stellen die fundamentalen Dinge dar, mit denen wir uns in der Physik beschäftigen. Die erste stellt kinetische Energie dar, die zweite potentielle Energie; alle Handlungen des materiellen Universums werden durch Veränderungen von einer Form zur anderen geschaffen.

Energie ist potentielle Kraft in einem Zustand der Handlung, während Materie verbrauchte Energie in einem Ruhezustand darstellt. Energie steht über der Materie, sie ist von feinerer Zusammensetzung und ist für die Einflüsse von natürlichen Gesetzen empfänglicher. Aus dem unendlichen Prinzip der Natur entstand langsam das endlose Meer kosmischer Energie. Die unendliche Stille war der Bauch, welcher den Ozean des Lebens gebar.

Wann immer die Umwandlung oder Übertragung von Energie stattfindet, entstehen daraus Resultate, doch die Energie verliert nie an Menge. Sie wird lediglich von einem Körper zum anderen übertragen.

Energie hängt von der Beschleunigungsrate ab — das ist Masse mal Geschwindigkeit— und somit finden wir die größten Mengen an Energie im stellaren Raum, da ganz klar die Himmelskörper die größte Masse beinhalten und die höchste Geschwindigkeit erreichen. Es wurde berechnet, dass die Sonne ihre Energie mit einer Rate von 12.000 PS pro Quadratfuß Oberfläche in den Raum abgibt.

Der Äther ist somit der größte Überträger an Energie und das Medium, in dem alle Energie entsteht. Diese Energie fließt vom Potentiellen zum Kinetischen und wieder zurück. Wenn z.B. ein Planet am weitesten von der Sonne entfernt ist, ist seine Geschwindigkeit am kleinsten; somit ist seine kinetische Energie am geringsten. Wenn er den am weitesten entfernten Punkt in seiner Umlaufbahn durchschreitet und sich wieder der Sonne nähert, nimmt er kinetische Energie zulasten der potentiellen Energie auf. Wenn er sich der

Sonne nähert, ist seine Geschwindigkeit am größten und seine potentielle Energie am geringsten. Nachdem er den nächstliegenden Punkt zur Sonne durchlaufen hat und sich zu entfernen beginnt, wird seine kinetische Energie geringer; sie wird verbraucht, um der kraftvollen Anziehungskraft der Sonne entgegen zu wirken.

So ist es ein ständiges Auf und Ab durch die gesamte Natur der sichtbaren Energien des Universums, und darin finden wir auch eine Erklärung für die verschiedenen Effekte, die sich durch die Planeten bei der Menschheit bemerkbar machen, während sie ständig ihre Positionen wechseln. Aller Wechsel und jegliche Phänomene entstehen aufgrund von Veränderungen in den ätherischen Wellen, die durch die Bewegung der Himmelskörper hervorgerufen werden, oder kurz: Masse mal Geschwindigkeit.

Die Sonne enthält enorme Mengen an Helium. Helium stammt vom Radium ab und Radium ist die Lagerstätte der am stärksten konzentrierten Energien, die dem Menschen bekannt sind. Es ist eine Energiequelle, die drei bis vier Millionen mal soviel Wärme wie jede andere bekannte chemische Reaktion freisetzt, und das andauernd und in fast unbeschränkter Menge.

Das Molekül ist eine Struktur, die durch die Verbindung von Kohlenstoff, Stickstoff, Sauerstoff und Wasserstoff gebildet wird —jene vier Atome, die Erde, Luft, Feuer und Wasser darstellen. Diese vier grundlegenden Atome bilden die verschiedenen Moleküle, aus denen die 86 chemischen Elemente zusammengesetzt sind.

Die Eigenschaft dieser Elemente hängt vom Verhältnis ab, in welchem die vier elementaren Atome vereint sind, wobei jedes Atom seine Schwingungsrate einbringt, in Übereinstimmung mit dem Verhältnis, in dem es in dieser Kombination enthalten ist.

Diese 86 verschiedenen chemischen Elemente stellen die Basis für jede Gruppe der Materie dar, organische oder anorganisch, und der einzige Unterschied in den Elementen ist die Schwingungsrate oder die schwingungstechnische Aktivität der Moleküle, aus denen die Struktur zusammengesetzt ist.

Die Zusammensetzung von Materie ist somit schlichtweg ein Bewegungsmodus, da jegliche Form das Resultat der schwingungstechnischen Bewegung kosmischer Energie ist.

Die materiellen Veränderungen, die stattfinden, werden durch Veränderungen in der atomaren Struktur hervorgerufen, und die Änderungen in der atomaren Struktur sind wiederum das Resultat von Veränderungen in der schwingungstechnischen Bewegung kosmischer Energie. Aufgrund dieser Tatsachen sehen wir, dass Umwandlung nicht nur vollkommen möglich ist, sondern wirklich auch kontinuierlich stattfindet.

Die verschiedenen Manifestationen von Energie sind: Schwerkraft, Wärme, Licht, Elektrizität, Magnetismus, chemische Affinität, Zusammenhalt und Anhaftung oder molekulare Anziehung.

Das Gesetz der Anziehung besagt, dass zwei Körper im Raum zueinander eine Anziehungskraft ausüben, die proportional zu den Massen der Körper und umgekehrt proportional zu ihrer Entfernung ist.

Licht, Wärme, Magnetismus, Elektrizität und chemische Affinität sind nur verschiedene Modi ein und derselben Energie, und jede kann, direkt oder indirekt, wieder in die ursprüngliche Form, aus der sie genommen wurde, umgewandelt werden.

Kosmische Kraft, ob statisch oder dynamisch, kann niemals zunehmen noch abnehmen. Da Wissenschaftler aber nur das als Wahrheit akzeptieren, was durch Experimente oder Berechnung dargestellt werden kann, und es viel schwieriger war, Kräfte zu messen oder zu berechnen, als Materie zu wiegen, blieb die Rotation von Kraft für viele Jahre ein Rätsel; erst vor kurzem wurde dieses Theorem erkannt und dargestellt. Nun ist es aber anerkannt —gewiss, und nicht länger hinterfragt.

Um chemisch miteinander zu reagieren, müssen zwei Körper Energien mit verschiedenen chemischen Potenzialen beinhalten. Wenn solche Körper zusammengeführt werden, wird ein Teil dieser innewohnenden Energie einer oder beider Körper auf neue Verbindungsformen übertragen, welche unter den neuen Bedingungen stabil sind.

Wir benutzen das Wort Anhaftung, um die Anziehung zu beschreiben, die zwischen zwei Partikeln verschiedener Massen existiert, wenn diese miteinander in Kontakt treten. Auf der anderen Seite, wenn Partikel verschiedener Körper solch eine Anziehung aufeinander haben, dass sie einander zustreben und eine Substanz neuartiger chemischer Natur bilden, dann haben wir das Verfahren chemischer Affinität.

Wenn eine Substanz erwärmt wird, gibt sie einen Teil der Wärme an ihre Umgebung ab. Diese Wärmeenergie macht sich als Wellenbewegung im Medium bemerkbar und tritt mit der enormen Geschwindigkeit von 186.000 Meilen pro Sekunde (Lichtgeschwindigkeit, Anm. d. Ü.) auf. Wenn die Temperatur dieser Substanz nicht sehr hoch ist, hat diese Wellenbewegung für das Auge keine Auswirkung, sondern sie sind unsichtbare, Form gebende Strahlen dunkler Wärme; aber während die Temperatur ansteigt, sehen wir einige wenige rote Strahlen, und wir sagen, dass der Körper „glutrot" ist. Während die Temperatur weiterhin ansteigt, geht der Körper zu einer gelben und dann zu einer weißen Hitze über, bis er schließlich mit der Brillanz der Sonne glüht.

Diese Brillanz der Sonne ist lediglich ein Hinweis auf die Natur des Vorgangs, der stattfindet, da Licht, Wärme und Energie nur Vorgänge des Freigebens von Sonnenenergie sind.

Durch den Vorgang der Verbrennung wurde der verschwundene Sonnenschein wieder befreit, der im Holz oder der Kohle lag.

Die Stärke, welche eine Lokomotive vorantreibt, ist lediglich Sonnenschein, der in Kraft umgewandelt wurde.

Im Jahre 1857 veröffentlichte Herr Murray aus London eine Biografie des berühmten englischen Ingenieurs, George Stevenson, in der eine interessante Beschreibung der Licht- und Wärmezyklen gegeben wird:

Am Sonntag, gerade als die Gesellschaft von der Kirche zurückkehrte und auf der Terrasse stand, die den Bahnhof überblickte, fuhr ein Zug vorbei, der eine lange Linie weißen Dampfes hinter sich ließ.

„Nun", sagte Stevenson zu Buckland, dem wohlbekannten Geologen, „können Sie mir sagen, welche Kraft diesen Zug vorantreibt?"

„Warum", antwortete der andere, „ich denke, es ist eine ihrer großen Maschinen."

„Aber was bewegt die Maschine?"

„Oh, wahrscheinlich einer ihrer kräftigen Lokführer aus Newcastle."

„Was halten Sie vom Sonnenlicht?"

„Was meinen Sie?"

„Nichts anderes bewegt die Maschine", sagte der großartige Ingenieur. „Es ist Licht, welches sich für Tausende von Jahren in der Erde angesammelt hat — Licht, welches durch die Pflanzen eingeatmet wurde, die während der Zeit ihres Wachstums den Kohlenstoff festgehalten haben, und die jetzt, nachdem sie für Tausende von Jahren in den Kohlenbetten der Erde versunken waren, hervorgebracht und befreit wurden, um der Menschheit, wie durch diese Maschine, einen Dienst zu erweisen."

Wenn dieser großartige Ingenieur heute leben würde, anstatt im Jahre 1857, hätte er vielleicht nicht nur gefragt, „Können Sie mir sagen, was den Zug bewegt?", sondern „Was bewegt all unsere Züge, all unsere Maschinen; was erleuchtet und erwärmt unsere Häuser, unsere Fabriken, unsere Städte?", und die Antwort wäre die gleiche gewesen. Nichts weniger als das Licht der Sonne.

Dieselbe Sonnenenergie nimmt das Wasser des Ozeans in Form von Dampf auf. Wasser würde auf ewig in einem perfekten Gleichgewicht verbleiben, gäbe es nicht die Aktivitäten der Sonne. Die auf das Meer fallenden Sonnenstrahlen wandeln das Wasser in Dampf um, und dieser Dampf wird in Form von Nebel in die Atmosphäre getragen. Der Wind sammelt ihn in

Form von Wolken und trägt ihn über die Kontinente. Hier, durch eine Änderung in der Temperatur, wird er wiederum in Regen oder Schnee umgewandelt. Somit ist die Sonne nicht nur die Quelle elektrischer Energie, durch die Licht und Wärme entwickelt werden, sondern sie ist auch die Quelle des Lebens selbst. Keine Art von Leben könnte auf diesem Planeten ohne den energetisierenden und lebensspendenden Magnetismus bestehen, der von der Sonne abgestrahlt wird. Während sich die Erde im Frühjahr der Sonne nähert, sehen wir das Ergebnis in den unzähligen Pflanzen und Blumen und in dem Grün, welches die Felder bedeckt —ihre lebensspendende Kraft wird überall ersichtlich.

Der Effekt dieses Einflusses wird überall in der Laune der Menschen erkannt, welche die Erde bewohnen. Wo die senkrechten Strahlen die Menschen erreichen, finden wir ein freudiges, optimistisches, „sonniges" Gemüt; während wir den hohen Norden erreichen, wo die Abwesenheit von Licht und Wärme das Leben zu einem Kampf machen, treffen wir die Menschen entsprechend düster und trübsinnig an.

Aber nicht nur der Wissenschaftler, sondern auch der Dichter, hat mit unfehlbarer Einsicht diesen wichtigen Einfluss des Sonnenlichts auf das Temperament des Menschen erkannt.

Du großer Stern,
Zentrum vieler Sterne, welcher unsere Erde macht

Erträglich, und abgestuft die Farben

Und die Herzen aller, unter deiner Strahlen Pracht.

Vater der Gezeiten, Herrscher über die Gefilde,

Und diejenigen, die in ihnen leben, ob nah, ob fern

Selbst in unserem äußeren Abbilde,

Unser angeborener Geist einen Hauch besitzt von dir.

Alle Energie auf dieser Erde, organisch oder anorganisch, wird direkt oder indirekt von der Sonne abgestrahlt. Das fließende Wasser, der treibende Wind, die ziehenden Wolken, der rollende Donner und der erhellende Blitz; der fallende Regen, Schnee, Nebel, Frost oder Hagel; das Wachstum der Pflanzen und die Wärme und Bewegung tierischer oder menschlicher Körper, die Verbrennung von Holz, von Kohle —alles ist lediglich Sonnenenergie in Bewegung.

Die mächtigste physische Energie, deren verschiedene Formen und Aktionsfelder mit jedem Tag zunehmen, deren Nutzen so groß ist wie die Ignoranz und die Vorurteile, die über sie herrschen, ist zweifelsohne die elektrische Energie.

Wenn all ihre Modalitäten bekannt sind, wird elektrische Energie die Grundlage der Heilung werden, da alle anderen Formen von Energie entweder eine Abstammung oder ein Medium sind, die das Zusammenspiel elektrischer Phänomene in den Tiefen unseres Gewebes zum Ausgleich bringen.

Es ist durch diese elektrischen Ströme, dass wir den zellularen Störungen Einhalt gebieten können. Sie können zur Senkung aller Energien beitragen, jeglicher Art von Depression oder dem Zerfall körperlicher Lebenskraft und allen anderen Störungen, die dem Kreislauf begegnen.

Auf die Extremitäten einwirkend, beseitigt oder zügelt sie gestörte Empfindsamkeit und fieberhafte Empfindungen. Auf durcheinander gebrachte Reizbarkeit reagiert sie mit einer harmonischen, ausgleichenden Kraft, als Wiederhersteller der in Gefahr gebrachten Lebenskraft; und schlussendlich zur Heilung von eingeschränkter Stabilität besitzt sie die Eigenschaften, um auf dieselbe hilfreiche und rationale Art und Weise wie die Natur zu wirken, uns davor bewahrend, dass unsere Beschwerden chronisch werden.

Jegliche Krankheitslehre unterliegt ihrem Einfluss, und sie hält einen überragenden Platz in der Behandlung der Verjüngung.

In den Tiefen des Gewebes wandelt sie strahlende Wärme in elektrische Energie, hebt dabei die Temperaturen des Gewebes an genau der richtigen Stelle an und hat einen dualen Einfluss, sowohl durch ihre elektrischen Auswirkungen, als auch durch die Ströme von Wärme mit der gewünschten Intensität, mit denen sie das behandelte Organ durchfluten kann.

Allgemein angewendet bringt sie dem Organismus

einen Bonus in Form von einer Wärme erzeugenden Zuteilung, welches ihn befähigt, körperlichem Zerfall effektiv zu widerstehen.

Schlussendlich sieht die Hochfrequenz, jüngstes Kind der Elektrotherapie, die Bandbreite ihres Nutzens täglich ansteigen. In der Verjüngung liefert sie die benötigte Nervenenergie; sie überträgt das größtmögliche Maß an effektiven Widerstand; sie speichert Lebenskraft in der Nervenzelle ab.

Und all das wird mit absoluter Gewissheit erreicht.

Um ihre Wirksamkeit sicherzustellen, muss Elektrizität auf dieselbe Art und Weise wie jedes andere Heilmittel formuliert und abgestimmt werden.

Elektrizität wirkt sich kraftvoll auf jedes einzelne Organ aus, stärkt das Nervensystem, gleicht den zellularen Austausch aus, reguliert Fehlfunktionen, stellt Bindegewebe wieder her und erzwingt das Zurückschreiten des Alterns.

In elektrostatischer Form herrscht sie über den gesamten Bereich von Neurosen, Ängsten, Hypochondrien, nervlichen und intellektuellen Anspannungen, übermäßiger Aufregung und Depression. Alle depressiven oder nervenschwachen Personen oder die, die an Schlaflosigkeit leiden, kennen ihre beruhigenden und wiederbelebenden Wirkungen.

Ihr erstaunlicher Erfolg in allen dermatologischen Anwendungen ist wohl bekannt.

Progressive Wiederherstellung, eine ausgezeichnete Wiederbelebung der Verdauung und Ernährung, Komfort und der Genuss beim Gehen und sich bewegen, zunehmende Kraft oder Widerstand gegen Arbeitsmüdigkeit, ein bemerkenswerter Anstieg an Lebenslust —all das sind Ergebnisse, die allgemein beobachtet werden.

Elektrizität ist nichts anderes als eine andere Form von Schwingung, ein anderer Name für Sonnenschein. Sie ist nichts anderes als die Strahlen der Sonne, spezialisiert und ausgerichtet. Warum sollte sie dann nicht das großartigste dem Menschen bekannte Heilmittel sein, ist sie nicht letztendlich die Quelle des Lichts, der Wärme, der Energie, des Lebens selbst?

> Sie zogen einen Kreis und schlossen mich aus.
> Sie riefen mich Ketzer, mit Wut und Gebraus;
> Die Liebe und ich mit dem Schneid zu gewinnen,
> Zogen wir einen Kreis und sie nach innen.

TEIL ELF

PERIODIZITÄT

Wir leben in einem endlosen Meer plastischer Bewusstseinssubstanz. Diese Substanz ist seit allen Zeiten lebendig und aktiv. Sie ist in höchstem Maße empfindlich. Sie nimmt Form an entsprechend der geistigen Nachfrage. Gedanken bilden die Form oder Matrix, durch die sich diese Substanz Ausdruck verschafft. Unser Ideal ist die Form, aus der unsere Zukunft entstehen wird.

Das Universum ist lebendig. Damit Leben ausgedrückt werden kann, muss Geist vorhanden sein; nichts kann ohne Geist bestehen. Alles, was ist, ist eine Darstellung dieser einen grundlegenden Substanz, aus der und durch die alle Dinge erschaffen wurden und kontinuierlich wiedererschaffen werden. Die Fähigkeit zu denken macht den Menschen zu einem Schöpfer anstatt zu einer Kreatur.

Alle Dinge sind das Resultat eines Gedankenprozesses. Der Mensch hat das scheinbar Unmögliche geschafft, weil er sich geweigert hat, es als unmöglich anzusehen. Durch Konzentration haben Menschen die Verbindung zwischen dem Endlichen und dem Unendlichen geschaffen, dem Beschränkten und dem Unbeschränkten, dem Sichtbaren und dem Unsichtbaren, dem Persönlichen und dem Unpersönlichen.

Die Entstehung von Materie aus Elektronen war ein unwillkürlicher Vorgang individualisierender, intelligenter Energie.

Die Menschen haben Wege gefunden, den Ozean auf schwimmenden Palästen zu überqueren, in der Luft zu fliegen, Gedanken weltweit per Kabel zu übermitteln, den Bodenkontakt mit Gummi abzufedern, sowie Tausende andere Dinge, die den Menschen vor nur einer Generation genauso bemerkenswert, genauso verblüffend und genauso unbegreiflich erschienen.

Der Mensch wird sich bald dem Studium des Lebens selbst zuwenden und aus dem daraus erlangten Wissen wird Friede und Freude hervorgehen und die Dunkelheit wird weichen.

Die Suche nach dem Elixier des Lebens war schon immer ein faszinierendes Thema und hat viele utopisch geprägte Gemüter gefesselt. Zu allen Zeiten haben Philosophen von dem Tag geträumt, an dem der Mensch zum Herrscher über die Materie wird. Alte Manuskripte beinhalten zahllose Rezepte, die ihren Erfindern bittere Schläge ratloser Desillusionierung beschert haben. Tausende von Forschern haben ihre Beiträge zum Wohle der Menschheit geopfert.

Aber nicht durch Quarantäne oder Desinfektions-mittel oder Gesundheitsbehörden wird der Mensch die lang gesuchte Ebene körperlichen Wohlbefindens erlangen; weder durch Diäten noch durch Fasten oder Andeutungen wird das Elixier des Lebens und der Stein der Weisen gefunden werden.

Der „Merkur der Weisen" und „unsichtbares Manna" sind selbst in gesunden Nahrungsmitteln kein Bestandteil.

Wenn der Geist des Menschen vollkommen ist, dann — und nur dann — ist es auch dem Körper möglich, sich in vollkommener Weise auszudrücken.

Der physische Körper wird durch einen Prozess stetigen Abbaus und Wiederaufbaus instand gehalten.

Gesundheit ist nichts anderes als ein auf natürliche Weise aufrecht erhaltenes Gleichgewicht, in dem neues Gewebe erschaffen und das alte oder verschlackte Gewebe entsorgt wird.

Hass, Neid, Kritik, Eifersucht, Wettbewerb, Selbstsucht, Krieg, Mord und Selbstmord sind die Ursachen, die das Blut sauer werden lassen und Veränderungen hervorrufen, die wiederum zu einer Irritation der Gehirnzellen führen, den Klaviertasten, auf denen die Seele im Angesicht himmlischer Gegenwart „Göttliche Harmonien" oder „billige Gaukelei" spielt, entsprechend den Anordnungen chemischer Moleküle im wundervollen Labor der Natur.

Geburt und Tod finden im Körper ständig statt. Neue Zellen werden erschaffen, indem Nahrung, Wasser und Luft in lebendiges Gewebe umgewandelt werden.

Jeder Gehirnvorgang und jede Muskelbewegung

bedeutet Zerstörung und schließlich den Tod einiger dieser Zellen. Die Anhäufung solcher toten, ungenutzten und unbrauchbaren Zellen ist es, was Schmerz, Leiden und Krankheiten verursacht.

Wir erlauben solch zerstörischen Gedanken wie Angst, Ärger, Sorge, Hass und Eifersucht, Besitz von uns zu ergreifen, und diese Gedanken beeinflussen die verschiedenen Funktionsabläufe des Körpers, des Gehirns, der Nerven, des Herzens, der Leber oder der Nieren. Diese Organe wiederum verweigern zunehmend die Ausführung ihrer verschiedenen Funktionen: Die aufbauenden Prozesse lassen nach und die schädlichen Prozesse setzen ein.

Nahrungsmittel, Wasser und Luft sind die drei grundlegenden lebenserhaltenden Elemente, aber es gibt da etwas noch wichtigeres. Jedes Mal wenn wir atmen, füllen wir unsere Lungen nicht nur mit Luft, sondern wir füllen uns selbst mit pranischer Energie, dem Atem des Lebens, der wiederum erfüllt ist mit allem, was Verstand und Geist benötigen.

Dieser Leben spendende Spirit ist noch weit wichtiger als Luft, Nahrung oder Wasser. Der Mensch kann 40 Tage lang ohne Essen leben, drei Tage lang ohne Wasser, und einige Minuten lang ohne Luft; aber er kann nicht eine einzige Sekunde ohne Äther leben. Äther ist die Hauptgrundlage des Lebens. Der Vorgang des Atmens stellt nicht nur Nahrung zum Körperaufbau bereit, sondern genauso auch für Geist und Verstand.

In diesem Land (den USA, Anm. d. Ü.) ist es nicht so bekannt, aber in Indien ist es eine wohl bekannte Tatsache, dass beim normalen, rhythmischen Atmen das Einatmen und Ausatmen jeweils nur durch ein Nasenloch stattfindet: etwa eine Stunde lang durch das rechte Nasenloch und dann für die gleiche Dauer durch das linke Nasenloch.

Der Atem, der durch das rechte Nasenloch eintritt, erschafft positive elektromagnetische Ströme, die an der rechten Seite der Wirbelsäule hinunter fließen, während der Atem, der durch das linke Nasenloch eintritt, elektromagnetische Ströme an der linken Seite der Wirbelsäule hinab fließen lässt. Diese Ströme werden über die Nervenzentren —oder Ganglien— des sympathischen Nervensystems an alle Körperbereiche weitergeleitet.

Beim normalen rhythmischen Atmen dauert das Ausatmen ungefähr doppelt so lang wie das Einatmen. Wenn zum Beispiel vier Sekunden lang eingeatmet wird, dauert das Ausatmen acht Sekunden, inklusive einer kleinen natürlichen Pause vor dem nächsten Einatmen.

Der Ausgleich der elektromagnetischen Energien im Organismus hängt zu einem großen Teil von diesem rhythmischen Atmen ab —daher auch die große Bedeutung des tiefen, ungehinderten und rhythmischen Aus- und Einatmens.

Die weisen Männer Indiens wussten, dass sie mit

dem Atmen nicht nur die physischen Elemente der Luft, sondern das Leben selbst aufnehmen. Sie lehrten, dass diese primäre Kraft aller Kräfte, aus der alle Energie hervorgeht, wie Ebbe und Flut in rhythmischer Schwingung durch das erschaffene Universum fließt. Alles, was lebt, ist lebendig aufgrund der Heilkraft, die das Aufnehmen dieses kosmischen Atems mit sich bringt.

Je stärker die Nachfrage, desto größer das Angebot. Während wir tief und rhythmisch in Harmonie mit dem universellen Atem atmen, verbinden wir uns mit der Lebenskraft aus der Quelle allen Lebens in unserem Innersten. Ohne diese innige Verbindung der individuellen Seele mit dem großen Reservoir des Lebens wäre Existenz, so wie wir sie kennen, unmöglich.

Freiheit ergibt sich nicht durch Missachtung dieses herrschenden Prinzips, sondern indem wir uns diesem Prinzip anpassen. Die Gesetzmäßigkeiten der Natur sind unendlich gerecht. Das Verletzen eines gerechten Gesetzes ist kein Akt der Freiheit. Die Gesetze der Natur sind unendlich nützlich. Von dem Einfluss eines nützlichen Gesetzes ausgenommen zu sein, verleiht keine Freiheit. Freiheit besteht in einer bewussten, harmonischen Beziehung mit den Gesetzen des Seins. Nur so kann der Wunsch befriedigt, Harmonie erschaffen und Glückseligkeit erreicht werden.

Der gewaltige Fluss ist nur dann frei, wenn er

durch seine Ufer begrenzt wird. Die Ufer ermöglichen ihm, seine bestimmte Funktion zu erfüllen und seine nutzbringende Aufgabe zum besten Vorteil auszuführen. Solange er in seiner Freiheit eingeengt ist, überbringt er die Botschaft von Harmonie und Wohlstand. Wenn das Flussbett seichter wird oder sein Volumen stark zunimmt, verlässt er sein Flussbett und erstreckt sich über das gesamte Land und bringt eine Botschaft des Ruins und der Verwüstung mit sich. Er ist nicht mehr frei. Er hat aufgehört ein Fluss zu sein.

Bedürfnisse sind Nachfragen, und aus Nachfragen entstehen Handlungen, die zu Wachstum führen. Dieser Vorgang bringt für jedes Jahrzehnt ein noch größeres Wachstum mit sich. Daher ist es korrekt zu sagen, dass die letzten 25 Jahre die Welt weiter gebracht haben als jedes frühere Jahrhundert, und dass das letzte Jahrhundert die Welt weiter gebracht hat als all die vergangenen Zeitalter zusammen.

Ungeachtet all der verschiedenen Charaktere, Anordnungen und Eigenarten der verschiedenen Menschen gibt es ein bestimmtes, eindeutiges Gesetz, das jegliche Existenz beherrscht und regelt.

Gedanken sind Geist in Bewegung, und geistige Schwerkraft ist für das Gesetz des Geistes, was atomare Anziehung für die physikalische Wissenschaft ist. Der Geist hat seine eigene Chemie und Bildungskräfte, und diese Kräfte sind genauso konkret wie jegliche physisch wirksamen Kräfte.

Schöpfung ist die Kraft des Geistes, durch die der Gedanke nach innen gerichtet und dazu veranlasst wird, neue Gedanken zu befruchten und zu erschaffen. Aus diesem Grund kann nur der erleuchtete Geist für sich selbst denken.

Der Geist muss eine bestimmte Art des Denkens erreichen, welche es ihm dann ermöglicht, Gedanken eigenständig zu vermehren, ohne irgendeine, ihn befruchtende Saat von außen.

Wenn der Geist diese Beschaffenheit in Übereinstimmung mit den sich selbst vermehrenden Gedanken erreicht hat, ist er in der Lage, ohne Anregung von außen spontan Gedanken zu erschaffen.

Das wird dadurch erreicht, dass Gedanken im Bewusstsein erfasst werden, als Ergebnis einer Tränkung und Befruchtung im Universellen.

Sie dürfen nicht hinaus gelassen werden, sondern im Gegenteil, sie müssen im Inneren bleiben, wo sie psychische Zustände erschaffen werden, die ihrem Charakter entsprechen.

Es ist diese Aufnahme selbsterschaffener Gedanken und ihr Schöpfen entsprechender psychischer Zustände, was das Prinzip von Ursache und Wirkung ausmacht.

Dies ist möglich aufgrund der Tatsache, dass der geistige Kosmos ständig als geistige Einheit ausgestrahlt wird, und dieser Geist wirkt in Verbindung mit der Seele des Menschen als dessen eigener Geist.

Da er Essenz ist, ist er eins mit der Essenz des Kosmos und mit der Essenz aller Dinge.

Das Ergebnis dessen, wenn der Mensch die Unendlichkeit des Denkens erreicht hat und selbst dazu geworden ist, er allwissend ist im Geist, allmächtig in seinem Willen und allgegenwärtig in seiner Seele. Die Qualität seines Geistes ist Allwissenheit und die Qualität seiner Seele ist Allgegenwart.

Solch ein Mensch ist im Besitz von wahrer Macht und Kraft in allem, was er tut. Er ist in der Tat ein Meister, der Schöpfer seiner eigenen Bestimmung, der Lenker seines eigenen Geschicks.

Es gibt viele Blumen mit mehrfarbigen Blüten. Jeder blühende Stängel streckt sich einfach nur der großen Sonne entgegen —dem Gott pflanzlicher Lebensformen— ohne Klage, ohne Zweifel und in der Fülle seiner Wünsche, seines Vertrauens und seiner Erwartungen als Pflanze. Sie verlangen nach einer Fülle von Farben und Düften und ziehen diese an.

So wird auch der Mensch in der Zukunft die großartigen verlangenden Kräfte von Geist und Seele befreien und sie dem Himmel entgegen strecken, in rechtmäßiger Forderung nach dem höchsten Geschenk des Universums: Leben.

Und Leben bedeutet zu leben.

Alter ist ein Vorurteil, das sich so fest in deinem Geist verankert hat, dass jede beiläufig erwähnte Anzahl an Jahren ein genaues Bild in deinem Gehirn hervorruft.

Zwanzig Jahre, und du siehst einen Jungen oder ein junges Mädchen, geschmückt mit aller jugendlichen Eleganz.

Dreißig Jahre, ein junger Mann oder eine junge Frau in der vollen Entwicklung körperlicher Stärke und Gleichgewicht, noch immer auf die glanzvollen Höhen der Reife zustrebend.

Vierzig Jahre, der Gipfel wurde erreicht, die bisherigen Anstrengungen wurden durch die Zukunftsaussichten auf weitläufige Bereiche aufrechterhalten, die es noch zu erobern gilt.

Der zurückgelegte Weg ist gepflastert mit Stolz, doch mit deinem Gefühl wendest du dich bereits dem Abgrund zu, dessen schwindelerregende Kurven sich tief in eine immer stärker werdende Dunkelheit hinab winden.

Fünfzig Jahre, halbwegs den Abhang hinunter, der immer noch durch das Licht der Höhen beleuchtet, aber bereits von der Kühle des Abgrunds berührt wird. Ein Organismus, geschwächt und gezwungen, sich zahlreichen Einschränkungen zu unterwerfen.

Sechzig Jahre bringen dich an den Eingang zu den kalten melancholischen Tälern. Du hast dich mit deinem unausweichlichen Schicksal abgefunden und stehst an der Türschwelle des Alters. Du beginnst mit den Vorbereitungen für die lange Reise, die unausweichlich unternommen werden muss.

Siebzig Jahre, verrunzelt und alt und mit zahlreichen Gebrechen, sitzt du im Warteraum für deine letzte Reise und betrachtest es als Wunder, dass du noch immer am Leben bist.

Wenn das 80. Lebensjahr überschritten ist, wird diese Tatsache allein als ein erstaunliches Phänomen angesehen und du wirst mit allem Respekt für dein Alter behandelt.

Ist diese Parallele stimmig? Gibt es da irgendeine Verbindung zwischen Alter und Alterswert? Lass uns mit Nachdruck festhalten, dass die Tyrannei der Geburtsurkunde abgeschafft werden kann.

Die Tatsache, dass ein Jahr eine komplette Umrundung der Erde um die Sonne repräsentiert, hat nichts mit der Evolution des menschlichen Wesens gemein.

Eine gewisse Anzahl von Jahren alt zu sein, bedeutet einfach nur, dass dieses Umrunden entsprechend viele Male beobachtet wurde, und nicht mehr. Es beinhaltet nicht die Betrachtung des intellektuellen oder körperlichen Zustandes. Eine Person, die dieses unermüdliche astronomische Phänomen vierzigmal erlebt hat, kann im wahrsten Sinne des Wortes wesentlich jünger sein als jemand, der dies nur 30-mal erlebt hat.

Die Schwingungsaktivität des planetarischen Universums wird durch das Gesetz der Periodizität geregelt. Alles, was lebt, hat Perioden der Geburt, des Wachstums und der Ernte. Diese Perioden werden vom „Gesetz der Sieben" geregelt.

Das „Gesetz der Sieben" bestimmt die Tage der Woche, die Phasen des Mondes, die Harmonien von Klang, Licht, Hitze, Elektrizität, Magnetismus und der atomaren Struktur. Es bestimmt das Leben von Einzelnen und von Nationen und es beherrscht die Aktivitäten in der Geschäftswelt. Wir können das gleiche Gesetz auf unser eigenes Leben anwenden und so zu einem Verständnis über viele Erfahrungen kommen, die ansonsten unerklärlich erscheinen würden.

Leben ist Wachstum und Wachstum ist Veränderung. Jede Siebenjahresperiode bringt uns in einen neuen Zyklus.

Die ersten sieben Jahre stellen die Periode der frühen Kindheit dar. Die nächsten sieben Jahre sind die Periode der Kindheit, die für den Beginn individueller

Verantwortung steht. Die nächsten sieben repräsentieren die Periode der Jugend. Die vierte Periode kennzeichnet das Erreichen des vollen Wachstums. Die fünfte Periode ist die aufbauende Periode, in der Menschen damit beginnen, sich Grund und Boden, Besitztümer, ein Haus und eine Familie aufzubauen. Die nächste, von 35 bis 42, ist eine Periode der Reaktionen und Veränderungen, und auf diese wiederum folgt eine Periode des Wiederaufbaus, der Anpassung und der Erholung, um so auf einen neuen Zyklus der Sieben vorbereitet zu werden, der mit dem 50. Lebensjahr beginnt.

Das Gesetz der Periodizität bestimmt die Zyklen jeglicher Beschreibung. Es gibt Zyklen mit kurzen Perioden und Zyklen mit langen Perioden. Es gibt Perioden, in denen Emotionen vorherrschen und die ganze Welt in religiösen Gedanken aufgelöst ist; und dann gibt es andere Perioden, in denen Wissenschaft und Lernen vorherrschen und das Patentbüro mit neuen Erfindungen überflutet wird. Dann gibt es Perioden, in denen Lasterhaftigkeit und Kriminalität in einem hohen Maße vorherrschen; Perioden von Streik und harten Zeiten, Zeiten von Unruhe, Verwirrung und Unheil; und dann gibt es Perioden der Neuordnung.

Was ist die Ursache für diese Zyklen? Sind Sie willkürlich? Haben sie keine Basis oder keine Grundlage in der Natur, wiederholen sie sich nahezu in der Regelmäßigkeit eines Uhrwerks ohne jeglichen Anreiz? Oder bestehen sie vielleicht aufgrund universeller

Gesetzmäßigkeiten und werden durch die Drehung der Planeten in ihrer Umlaufbahn verursacht, und haben somit ihren Ursprung in einem natürlichen Prinzip, das der Mensch kennen lernen kann und ihm somit schließlich ermöglicht, das Wiedereintreten des gleichen Phänomens mit Gewissheit vorher zu sagen?

Die Umdrehungen der verschiedenen Planeten um ihre Achse stellt die größte, uns bekannte Masse bewegter Materie dar und ist folglich für die größte Menge an Energie verantwortlich.

Die Bewegung der Planeten in ihren verschiedenen Umlaufbahnen um die Sonne bringt die größte Menge an Äther unter Einfluss, und erschafft somit die größte Menge an potentieller Energie, mit der wir vertraut sind.

Alle Aktivitäten des physischen Universums sind somit von den Bewegungen dieser Planeten abhängig.

Lass uns die Ergebnisse dieser Bewegungen festhalten. Das erste Ergebnis ist die Aufteilung der Sonnenstrahlen in die sieben primären Farben — Orange, Grün, Violett, Gelb, Rot, Indigo und Blau. Diese sieben Farben stimmen mit den sieben Noten der Musik-Skala überein.

Weiterhin stellen wir fest, dass die Schwingung jedes einzelnen Planeten für die Kondensation oder Kristallisation von Elektronen zu Materie verantwortlich ist, und so haben wir Gold, Silber, Quecksilber, Kupfer, Eisen, Zinn und Blei.

Indem wir unsere Nachforschung weiter vertiefen, stellen wir fest, dass diese Schwingungen durch das sympathische Nervensystem an alle Teile unseres Körpers verteilt werden und dass für diesen Zweck sieben Plexen entlang der Wirbelsäule existieren. Wir stellen weiterhin fest, dass es sieben Körperfunktionen gibt, die kontrolliert werden — das Herz, das Gehirn, die Lungen, die Nieren, die Galle, die Leber und die Milz — und schlussendlich stellen wir fest, dass sich diese Schwingungen auf einer noch höheren Ebene als Geist, Seele, Intellekt, Liebe, Tatkraft, Unterscheidungsvermögen und Gedächtnis darstellen.

Der Winkel zwischen zwei Planeten zu irgendeinem Zeitpunkt und an irgendeinem Ort auf ihren festgelegten Umlaufbahnen und ihre Winkelbeziehung zur Erde verursacht einen Einfluss, der von denjenigen Individuen empfangen wird, die für diese besonderen Schwingungen empfänglich sind oder sich darauf eingestimmt haben.

Unter einem vorteilhaften Einfluss finden wir einen entspannten Körper, behaglich und gelassen. Dieser Zustand des Seins wirkt sich positiv auf den Geisteszustand aus, und wir finden geistige Ausgeglichenheit, eine Neigung zu Genuss, Vergnügen, Bezugnahme, Glückseligkeit, Liebenswürdigkeit und Liebe.

Wenn der Einfluss unvorteilhaft ist, wird der Körper angespannt und gereizt sein, mit der entsprechenden geistigen Niedergeschlagenheit, Angst, Verärgerung,

Boshaftigkeit, Gewalt, etc., gemäß der Natur der dabei involvierten Planeten.

Während Saturn das Gewebe zusammenzieht und tote Elemente aus den Organen ausscheidet, erwirkt Jupiter das Gegenteil, indem er neue Elemente zur Erhaltung der Entwicklung und des Wachstums aufnimmt und ausdehnt.

Die Auswirkung dieses Jupiter-Prozesses auf den Geist ist die, dass die Gefühle „jovial", optimistisch, bequem, sorglos, großzügig und mitfühlend sind; in der Lage, sich über das eigene Selbst hinaus um die Bedürfnisse und das Glück anderer zu kümmern, mit dem Ergebnis, dass sowohl das Wort wie auch die Tat Lob und Unterstützung einbringen — was erbracht ist, bringt wohlwollende Ergebnisse.

Wenn Saturn günstig steht, arbeiten die Organe und Funktionen, die von den schwingungstechnischen Einflüssen dieses Planeten berührt werden, vollkommen normal. Wenn aber Saturn ungünstig steht, neigen die Funktionen des menschlichen Körpers zu Trägheit, Minderung, Beschränkung, Zerfall oder Auflösung, und eine ernsthafte Erkrankung entsteht, es sei denn das Individuum weiß was zu tun ist, um diesem Einfluss entgegenzuwirken. Herbert Spencer sagte einmal „Leben ist eine andauernde Anpassung der inneren Umstände an eine äußere Umgebung", eine Aussage, die, wie wir alle wissen, absolut wahr ist, genauso wie der allgemein anerkannte Grundsatz der weisen

Männer des Altertums: „Wie oben, so unten." Die Vorgänge im Sonnensystem haben eine entsprechende Auswirkung auf den menschlichen Organismus. Die Aufteilungen des Tierkreises, im Zusammenhang mit den unterschiedlichen Perioden der Lebensaktivitäten, die den Verlauf des Lebens bestimmen, liefern uns dazu zahlreiche Denkanstöße.

Der Planet Uranus absolviert seinen Kreis am Firmament in 84 Jahren, welches sein „Jahr" darstellt; und da dieser Planet auch derjenige ist, der im spirituellen Sinne einen besonderen Einfluss auf den Menschen ausübt, dürfte von seinem „Monat", oder dem Durchlaufen einer der 12 Abschnitte seines Kreises, erwartet werden, dass er einen Einfluss auf das Leben des Menschen ausübt. In der physischen Welt ist dieser vergleichbar mit dem Einfluss der Sonne während ihrer verschiedenen Monatsabschnitte innerhalb ihres alljährlichen Laufs.

Die von Physiologen belegte Tatsache, dass im Verlauf einer Siebenjahresperiode im physischen Körper eine komplette Veränderung stattfindet, neigt zur Unterstützung der Theorie, dass ein Zeichen jeweils über sieben Jahre des Lebens herrscht; und gewiss kann die Periode von 84 Jahren als ein Lebenszyklus angesehen werden, ohne dass dies notwendigerweise als oberstes Limit eines normalen Menschenlebens betrachtet werden muss. In diesem Sinne entsprechen diese 84 Jahre des Lebens einem Erdenjahr, oder dem Umlauf des Tierkreises.

Lass uns die Trennung des Tierkreises in vier große Quartale betrachten, nämlich: Frühling, Sommer, Herbst und Winter. Das Frühlingsquartal entspricht dem Kleinkindalter, der Kindheit und der Jugend. Es ist die unverantwortliche und erzieherische Periode vom ersten bis zum 21. Lebensjahr, wenn das Persönliche durch Dienst und Studium für die nächste wichtige Stufe ausgestattet wird. Es ist die Zeit, wenn Ehrlichkeit und kindliche Ehrerbietung, Gehorsam und Arbeit dem heranwachsenden Geist eingeimpft werden.

Das Sommerquartal des Lebens von 21 bis 42 ist die praktische Periode des Lebens und beschäftigt sich mit dem Leben des Hausbesitzers, in der Wohlstand zum Thema wird, Verantwortung wächst und die Pflichten des Lebens schwerer werden, gefüllt mit geschäftlicher Aktivität. Es ist die Periode, in der die gesellschaftliche Seite der Persönlichkeit zum Ausdruck kommt und Lektionen der Selbstlosigkeit gelernt werden. Reichtum kommt mit der Fülle des Lebens, welche im Bereich des Sommers im Überfluss vorhanden ist. Die entwickelten Tugenden sind Vorsicht, Wirtschaftlichkeit, Nächstenliebe, Großherzigkeit, Fleiß und Besonnenheit.

Diese Periode des Lebens wird vom Zeichen des Löwen bestimmt, in der die Lebenskräfte in ihrer größten Hitze lodern, und die Liebe für Partner und Nachkommen vorherrscht in der häuslichen und der gesellschaftlichen Welt.

Das Herbstquartal des Lebens ist jenes, in welcher der Ruhm des Männlichen und die Fülle des Mütterlichen sich breiteren Interessen zuwenden und persönliche Ansprüche zum Nutzen derjenigen geopfert werden, die sich außerhalb der eng gesteckten heimischen Grenzen befinden. Die Pflichten der Regierung und des nationalen Gemeinwohls werden mit Motiven aufgegriffen, die weniger begrenzt und ihrem Wesen nach altruistischer sind, der Wunsch jemand zu sein, der dabei mitwirkt, diejenigen, die dieser Nation angehören, zu leiten und zu beschützen. Die zu erwerbenden Tugenden sind Ausgleich, Gerechtigkeit, Stärke, Mut, Dynamik und Großzügigkeit.

Die zentrierenden Kräfte dieser Periode werden durch das Zeichen des Skorpions gekennzeichnet, dem Symbol der selbstkontrollierenden Emotionen, dauerhaften Gefühle und beständigen Handlungsweisen —dem Stabilisieren, Fixieren und zuverlässig machen der fließenden und wechselhaften Gefühle der Wasserzeichen.

Der nächste Lebensabschnitt ist die Periode, in der Erfahrungen gesammelt und die Lektionen des Lebens gespeichert werden, bereit, das Ego zu bereichern. Es ist der Abschnitt, in dem der Rückblick auf das Leben Weisheit und zarte Gefühle der Sympathie gegenüber allem bringt; die Tugenden dieser letzten drei Zeichen verwirklichen sich als Geduld, Selbstaufopferung, Dienst, Reinheit, Weisheit, Güte und Mitgefühl.

Das Zentralisieren des Geistes im Zeichen des Wassermanns bringt den Höhepunkt, wenn der Mensch vervollkommnet ist und die humanistische Perfektion der Menschheit in jenen gipfelt, die ihren Geist vollständig in höheren Bewusstseinsstufen zentriert haben.

Das ist der Plan der normalen Entwicklung der Menschheit, wenn die zivilisierten Nationen ihre kindliche und frühlingshafte Periode durchschritten haben. Nationen wie Individuen entwickeln sich und das nationale Wohl und die nationale Perfektion werden das Ergebnis dieses weisen und bestimmten Planes sein, entsprechend dem Willen des obersten universellen Herrschers.

Vielleicht waren es dieses nationale Wohl und diese nationale Perfektion, die einer unserer großen Männer sah, als er jene wundervolle Vision durchlebte, die er so wunderschön beschrieb:

„Eine Vision der Zukunft steigt empor. Ich sehe eine Welt, in der Throne zusammengebrochen und Könige zu Staub geworden sind. Die Aristokratie des Müßiggangs ist von der Erde verschwunden."

„Ich sehe eine Welt ohne einen einzigen Sklaven. Der Mensch ist endlich frei. Die Kräfte der Natur wurden durch die Wissenschaft untertan gemacht. Blitz und Licht, Wind und Wellen, Frost und Flammen und all die subtilen Kräfte der Erde und der Luft sind die unermüdlichen Arbeiter für die menschliche Rasse.“

„Ich sehe eine Welt in Frieden, geschmückt mit jeglicher Form von Kunst, entzückt vom Klang unzähliger Stimmen, während Worte der Liebe und der Wahrheit auf den Lippen liegen; eine Welt, in der kein Flüchtling seufzt, sich kein Gefangener beklagt; eine Welt, auf die keines Galgen Schatten fällt; eine Welt, in der Arbeit reich belohnt wird und wo Arbeit und Lohn Hand in Hand einhergehen.“

„Ich sehe eine Welt ohne des Bettlers ausgestreckte Hand, des Geizhalses herzlosen, versteinerten Starrens, den erbärmlichen Schrei des Wollens, die fahlen Lippen der Lüge, die grausamen Augen der Verachtung.“

„Ich sehe eine Rasse ohne Krankheit in Fleisch oder Verstand —wohl geformt und schön, vereint in Harmonie von Form und Funktion— und während ich hinschaue, verlängert sich das Leben, vertieft sich die Freude, und die Erde ist mit Liebe bedeckt; und über alledem, unter der großen Kuppel, erstrahlt der ewige Stern des Glaubens.“

TEIL ZWÖLF

DER URSPRUNG DES LEBENS

Leben wird nicht erschaffen —es ist einfach. Die gesamte Natur ist mit dieser Kraft, die wir "Leben" nennen, beseelt. Die Erscheinungen auf der physischen Ebene —der Ebene, mit der wir uns hauptsächlich befassen— werden durch die Verdichtung von "Energie" zu "Materie" geschaffen, und Materie selbst ist eine verdichtete Form von Energie.

Lebendes Gewebe ist organisierte —oder organische— Materie. Totes Gewebe ist nicht organisierte —oder anorganische— Materie. Wenn sich Leben aus einem Organismus zurückzieht, beginnt der Zerfall.

Organisierung erfordert eine hohe Schwingungsrate (Frequenz) — oder eine kurze Wellenlänge— die sich mit hoher Intensität bewegt. Die Moleküle, aus denen das Gewebe besteht, sind in einem kontinuierlichen Zustand der Bewegung. Das Ergebnis davon ist, dass Gewebe das darstellt, was wir "Leben" nennen.

Lebensschwingungen haben lediglich eine Quelle, und das ist die Sonne. Senilität ist Teil des Sterbeprozesses und wird durch die Anhäufung von Mineralsalzen oder sogenannten Mineralstoffen verursacht.

Diese Mineralstoffe bestehen aus Kalk, welcher sich an den Arterienwänden ablagert, welche dann hart werden und „verkalken" und somit ihre Spannung verlieren.

Wenn die Schwingungen intensiv genug sind, ist es für diese Salze unmöglich, sich im Organismus abzulagern, die intensiven Schwingungen würden diese Ablagerung unmöglich machen; die Mineralien würden über die Ausscheidungsprozesse ausgestoßen werden.

Alter, Verfall und Tod sind lediglich der Unfähigkeit des Individuums zuzuschreiben, sich mit den Schwingungen der Sonne in Einklang zu bringen, welche die Quelle allen Lebens ist.

Langlebigkeit und Vitalität stehen in einem direkten Verhältnis zueinander, während wir die intensiven Schwingungen der Sonne aufnehmen und uns von den langsamen, ungeordneten, zerfallenden und todbringenden Schwingungen der Erde abwenden.

Leben ist eine Schwingungrate, ein Bewegungsmodus, Tod ist die Abwesenheit dieser Schwingung.

Leben ist ein Ausdruck von Aktivität. Tod ist der Vorgang des Zerfalls, die Abwesenheit von Aktivität. Die Schwingungen des Lebens haben ihren Ursprung in der Sonne. Die Schwingungen des Todes stammen aus der Erde.

Die Sonne ist die Quelle des Lebens, der Mond ist die Quelle der Form, und die Erde des Zerfalls und des Todes. Die Erde strebt immer danach, alles Bestehende in ihren Schoß aufzunehmen; sie ist das Grab oder die letzte Ruhestätte für jegliche Form organisierten Lebens.

Die Schwingungen der Erde sind daher auch die Schwingungen des Abbaus und des Zerfalls. Nichts war bisher in der Lage, sich der Anziehung dieser unentwegt aus der Erde hervorgehenden Schwingungen zu widersetzen. Schlussendlich muss sich alles unterordnen. Jede Erscheinungsform, gleich welcher Art, war bislang gezwungen, zur Erde zurückzukehren, um dort auf die belebenden Schwingungen der Sonne zu warten, bevor sie —sich wieder neu erschaffend— Ausdruck verleihen wird.

Wird das für immer zutreffen? Nicht unbedingt. Es muss nicht für alle Zukunft so sein, dass wir mit diesen abbauenden Schwingungen Verbindung aufnehmen. Es ist für uns möglich, dass wir uns zumindest teilweise davon abgrenzen.

Das Universum wurde durch Schwingung erschaffen. Das bedeutet, dass die bestimmte Form, die ein jedes Ding hat, im Großen wie im Kleinen, eindeutig auf der spezifischen Schwingungsrate beruht, die ihr jenen Ausdruck verschafft hat. Das Universum ist dann, sowohl im Allgemeinen wie auch im Besonderen, die Auswirkung eines Schwingungssystems. In anderen Worten, der Klang dieser Sphären hat sich in einer Form ausgedrückt, die wir als "Kosmos" bezeichnen.

Diese Schwingung drückt Intelligenz aus. Es ist keine Intelligenz, wie wir sie wörtlich verstehen, sondern ein kosmisches Wissen, welches für das Wachsen unserer

Fingernägel, Haare, Knochen, Zähne und Haut, den Blutkreislauf und die Atmung verantwortlich ist. Diese Prozesse laufen unabhängig davon ab, ob wir schlafen oder wach sind.

Somit gibt es Bewusstsein und Intelligenz in jeder Sache im Überfluss, und sie ist in Bezug zu sich selbst nur darin verschieden, dass sie sich im Charakter von jeder anderen Sache unterscheidet, denn es gibt nur ein universelles Bewusstsein oder eine universelle Intelligenz, während es eine Vielzahl verschiedener Ausdrucksformen von ihr gibt. Der Stein, der Fisch, das Tier, der Mensch sind alle Empfänger dieser einen universellen Intelligenz. Sie sind nur unterschiedlich geformte Darstellungen kosmischer Substanz — unterschiedlich verbundene Schwingungs- oder Bewegungsraten.

Geist ist ein Schwingungssystem. Das Gehirn ist ein Schwingungserzeuger und Denken die geordnete Auswirkung einer jeder einzelnen Schwingungsrate, welche durch eine entsprechend erforderliche Zellkombination dargestellt wird.

Es ist nicht die Anzahl an Zellen, sondern ihre schwingungstechnische Anpassungsfähigkeit, die den Gedanken, zu denen der Verstand fähig ist, Reichweite verleiht.

Es geschieht durch das universelle Bewusstsein, dass

die „Saat des Gedankens" in das menschliche Gehirn eintritt, so dass es Gedanken hervorbringt, die zu einem Energiefluss werden, welcher im menschlichen Geist nach innen gerichtet ist, entsprechend im universellen Geist nach außen.

Diese Samenkörner des Gedankens haben die Neigung zu keimen, zu sprießen und zu wachsen. Somit bilden sie das, was wir als Ideen bezeichnen.

Wenn ein geistiges Bild im Gehirn entsteht, wird umgehend die dem Bild entsprechende Schwingungsrate im Äther angeregt. Ob sich diese Schwingung nach innen oder außen richtet, hängt jedoch davon ab, ob das Prinzip des Willens oder das Prinzip der Sehnsucht vorherrscht.

Wirkt der Wille, bewegt sich die Schwingung nach außen und das Prinzip der Macht (oder der aktiven Beeinflussung, Anm. d. Ü.) wird eingesetzt. Ist die Sehnsucht erwacht, bewegen sich die Schwingungen nach innen und bringen das Gesetz der Anziehung zur Anwendung.

In beiden Fällen drückt sich das Gesetz von Ursache und Wirkung durch die Verkörperung des schöpferischen Prinzips aus.

Es wird nicht mehr lange dauern, bis der Mensch in der Lage ist, seinen Körper gegen Krankheiten immun zu machen und den gewöhnlichen Vorgang des

Alterns und des körperlichen Zerfalls aufzuhalten — immerwährende Jugend, sogar wenn der Körper schon Jahrhunderte zurückgelegt hat.

Unsterblichkeit —oder unendliches Leben— ist die kühnste Hoffnung, das berechtigte Ziel und das Geburtsrecht eines jeden menschlichen Wesens. Die Mehrheit der Menschen aller Religionen —aber auch jene ohne irgendeinen religiösen Glauben— scheinen allerdings anzunehmen, dass dies nur in entfernter Zukunft oder nur auf einer anderen Existenzebene erreicht werden kann.

Jeder Mensch, der nicht krank oder verrückt ist, hat den innigen Wunsch, so lang wie möglich zu leben. Wenn es in der Welt eine Person gibt, die nicht den Wunsch hat zu leben, dann aufgrund eines ungesunden Zustandes von Körper oder Geist, oder der Erwartung, dass dies nicht möglich sein könnte.

Es ist eine Tatsache, dass der Wunsch und das Verlangen nach Leben umso stärker ist, je höher erleuchtet und entwickelt das Individuum ist, und es ist unwahrscheinlich, dass es einen natürlichen Wunsch für etwas gibt, was nicht erreicht werden kann.

Prof. Jaques Loeb, vormals am Department of Physiology an der Universität von Kalifornien, sagte vor einigen Jahren: "Der Mensch wird für immer leben, wenn er gelernt hat, die richtigen protoplasmischen

Reaktionen im Körper zu erschaffen."

Thomas Edison sagte: „Für mich gibt es viele Gründe zu glauben, dass eine Zeit kommen wird, in der der Mensch nicht sterben muss."

Fünf Siebtel des Fleisches und Blutes sind Wasser, während die Substanz des Körpers aus Albumin, Fibrin, Kasein und Gelatine besteht. Das bedeutet, sie besteht aus organischen Substanzen, die sich ursprünglich aus vier essenziellen Gasen zusammensetzen: Sauerstoff, Stickstoff, Wasserstoff und Kohlensäure.

Wasser ist die Verbindung zweier Gase. Luft ist eine Mischung dreier Gase. Dementsprechend bestehen unsere Körper nur aus umgewandelten Gasen. Nichts von unserem Fleisch existierte vor drei oder vier Monaten —weder Gesicht, Mund, Arme, Haare, noch die Fingernägel.

Der gesamte Organismus ist nichts anderes als ein Fluss von Molekülen, eine sich unablässig erneuernde Flamme, ein Fluss, den wir unser ganzes Leben sehen können —und dennoch sehen wir nie wieder das gleiche Wasser.

Diese Moleküle berühren einander nicht und werden kontinuierlich durch Assimilation erneuert. Geleitet, gesteuert und organisiert wird dieser Prozess über die immaterielle Kraft, welche die Moleküle in sich aufnehmen.

Dieser Kraft mögen wir den Namen "Seele" geben, schreibt der großartige französische Astronom, Physiker, Biologe und Metaphysiker, Camille Flammarion.

Die Brücke des Lebens, ein Symbol körperlicher Erneuerung, wurde in Liedern, Dramen und Geschichten dargestellt. Paracelsus, Pythagoras, Lycurgus, Valentin, Wagner und eine lange, ununterbrochene Linie von Erleuchteten aus ältester Zeit besangen in ihren Heldengedichten übereinstimmend jenes "Rätsel der Sphinx", auf deren Schriftrolle geschrieben steht: "Löse mich oder stirb."

Diese Lösung mag in einem Verständnis über die Beschaffenheit der Drüsen liegen, die das körperliche und geistige Wachstum und alle grundlegenden metabolischen Vorgänge steuern.

Diese Drüsen bestimmen alle Vitalfunktionen und kooperieren in einer engen Beziehung miteinander, was verglichen werden könnte mit einer in sich verflochtenen Abteilung.

Sie stellen die internen Ausscheidungen —oder Hormone— bereit, die bestimmen, ob wir groß oder klein, hübsch oder unattraktiv, brillant oder stumpfsinnig, mürrisch oder freundlich sind.

Sir William Osler, einer der weltweit großartigsten Denker, sagte: „Der Körper des Menschen ist wie ein summender Stock arbeitender Zellen, jede mit einer besonderen Funktion, alle kontrolliert von Gehirn und Herz, und alle abhängig von den Ausscheidungen der Drüsen, die das Rad des Lebens schmieren. Entferne beispielsweise die Schilddrüse, die unter dem Adamsapfel liegt, und du entziehst dem Menschen die Schmierstoffe, die seinem Denkapparat die Arbeit ermöglichen, und nach und nach werden die gespeicherten Erinnerungen seines Geistes schlechter abrufbar, und er verfällt innerhalb eines Jahres in Demenz. Die normalen Vorgänge der Haut hören auf zu funktionieren, das Haar fällt aus, seine Gesichtszüge wirken aufgeschwemmt und das Vorbild der Tiere verwandelt sich in eine formlose Karikatur der Menschheit."

Es gibt sieben Hauptdrüsen: die Hirnanhangdrüse, die Schilddrüse, die Bauchspeicheldrüse, die Adrenalindrüse, die Zirbeldrüse, die Thymusdrüse und die Sexualdrüsen. Sie alle steuern den Stoffwechsel des Körpers und bestimmen sämtliche Lebensfunktionen.

Die Hirnanhangdrüse ist eine kleine Drüse, die sich nahe dem Kopfzentrum befindet, direkt unterhalb der dritten Hirnkammer, wo sie in einer Einbuchtung des Schädelknochens liegt. Ihre Ausscheidungen spielen eine wichtige Rolle in der Mobilisierung der Kohlenhydrate, der Aufrechterhaltung des Blutdrucks, der Stimulierung anderer Drüsen sowie für den Spannungszustand des sympathischen Nervensystems.

Die Schilddrüse befindet sich im vorderen, unteren

Bereich des Halses und erstreckt sich in einer Art Halbkreis aufwärts zu beiden Seiten. Die Ausscheidungen der Schilddrüse sind wichtig für die Mobilisierung sowohl von Eiweißen als auch von Kohlenhydraten; sie stimuliert andere Drüsen, hilft gegen Infektionen, hat Auswirkungen auf das Haarwachstum und beeinflusst die Verdauungs- und Ausscheidungsorgane. Sie ist ein ausschlaggebender Faktor in der allgemeinen körperlichen Entwicklung, wie auch im geistigen Wirken. Eine ausgeglichene Schilddrüse sorgt für einen aktiven, effizienten und wohl koordinierten Körper und Geist.

Die Nebennieren (Adrenaldrüsen, Anm. d. Ü.) liegen auf den oberen Polen beider Nieren. Diese Organe werden manchmal auch als "Schönheitsdrüsen" bezeichnet, da es zu ihren Aufgaben zählt, dafür zu sorgen, dass sich die Pigmente des Körpers in einem angemessenen Mischungsverhältnis befinden und angemessen verteilt werden. Die Adrenalinausscheidungen sind allerdings in anderer Hinsicht von größerer Bedeutung. Die Sekrete enthalten einen höchst wertvollen Blutdruckwirkstoff und stärken das sympathische Nervensystem, und somit auch die unbewusst gesteuerten Muskeln, das Herz, die Arterien und die inneren Organe. Diese Drüsen reagieren auf bestimmte emotionale Aufregung mit einer unmittelbar verstärkten Sekretabsonderung, wodurch sie die Energie des gesamten Organismus anheben und ihn auf eine effektive Reaktion vorbereiten.

Die Zirbeldrüse ist ein kleines konisches Gebilde hinter der dritten Hirnkammer. Die Weisen des Altertums wussten, dass diese Drüse von größter Bedeutung ist —sie wurde von ihnen als "spirituelles Zentrum" bezeichnet, als Sitz der Seele, und womöglich auch der ewigen Jugend oder unendlichen Lebens. Sie befindet sich oben am Hinterkopf.

Die Thymusdrüse befindet sich unten an der Kehle, etwas unterhalb der Schilddrüse. Sie gilt nur für Kinder als wichtig, aber ist es nicht möglich, dass das Schrumpfen dieser Drüse eine der Ursachen vorzeitigen Alterns ist?

Die Bauchspeicheldrüse ist ein quer im Oberbauch liegendes Drüsenorgan in der Nähe des Magens. Diese Drüse unterstützt die Verdauung, aber wenn sie nicht richtig funktioniert, kann ein Überschuss an Zucker produziert werden, welches dann Diabetes und andere ernsthafte Probleme verursacht.

Die Sexualdrüsen befinden sich im unteren Teil des Bauches. Aufgrund des Funktionierens dieser Drüsen entsteht Leben und somit wird der Fortpflanzungsprozess aufrechterhalten.

Wenn die Ausscheidungen dieser Drüsen nicht für Fortpflanzungszwecke genutzt werden, fließen sie in das Leben der Zelle und erneuern Energie, Stärke und Vitalität.

Wenn sie nicht funktionieren, hat das Depressionen und allgemeine Erschöpfung zur Folge.

Es ist daher offensichtlich, dass wir unsere Gesundheit, Stärke und Jugendlichkeit endlos erneuern können, wenn wir einen Weg finden, diese Drüsen in ihrer Funktionsfähigkeit zu erhalten. Dies ist so, weil die Schilddrüse Lebenskraft entwickelt; die Hirnanhangdrüse kontrolliert den Blutdruck und entfaltet geistige Energie; die Bauchspeicheldrüse steuert die Verdauung und die körperliche Vitalität; die Nebennieren verleihen Schwung und Ambition; und die Sexualdrüsen steuern die Sekretproduktion für Jugendlichkeit, Stärke und Kraft.

Wir können die Funktionsweise dieser Drüsen besser verstehen, wenn wir uns daran erinnern, dass die Sonnenstrahlen in sieben verschiedene Töne, Farben oder Qualitäten durch die sieben verschiedenen Planeten unterschieden werden, und dass sie durch die sieben Nervenzentren entlang der Wirbelsäule in den menschlichen Organismus einfließen. Jetzt können wir erkennen, dass dieses Leben an die sieben Hauptdrüsen im Körper weitergeleitet wird, wo es schließlich alle Lebensfunktionen steuert und bestimmt.

Bedauerlicherweise schließt normales Fensterglas praktisch alle ultravioletten Strahlen aus, welche die wichtigsten für die Erhaltung der Gesundheit und Vitalität sind. Einige Sanatorien und Krankenhäuser sind mit speziellen Fenstern aus geschmolzenem Quarz ausgestattet, welche diese ultravioletten Strahlen durchlassen, aber gegenwärtig (zur damaligen Zeit, Anm. d. Ü.) sind die Kosten solcher Fenster untragbar —ein einzelnes Fenster kostet zwischen zehn und fünfzehn Tausend Dollar.

Geräte werden gegenwärtig konstruiert, welche an den normalen Stromkreislauf angeschlossen werden können, so dass der volle Nutzen dieser lebensspendenden Sonnenstrahlen gesichert werden kann.

Wenn diese Drüsen mit den ultravioletten Strahlen versorgt werden, die wir ihnen bisher vorenthalten haben, wird das Ergebnis ein bemerkenswertes Ausmaß an Vitalität sein: Geistige und körperliche Stärke. Tatsächlich ist bereits bekannt, dass Cholesterin durch violette Strahlen in ein Vitamin umgewandelt werden kann, und es ist möglich, dass andere träge Substanzen auf die gleiche Weise aktiviert werden können.

Es wurde auch festgestellt, dass Infrarotstrahlen therapeutisch höchst wertvoll und wirksam sind. Es werden sogar spezielle Stoffgewebe benutzt, um diese Strahlen heraus zu filtern.

Rückschlüsse, die aus Experimenten gezogen wurden, die vor 15 Jahren von mehreren weltweit führenden Wissenschaftlern durchgeführt wurden, zeigen, dass es dem physischen Körper des Menschen möglich sein wird, so rein und empfänglich zu sein, dass er durch die Zeitalter hindurch leben kann, ohne zu sterben. Das, was in den Körper hineinkommt und ihn wieder verlässt, kann so perfekt aufeinander abgestimmt werden, dass der Organismus nicht älter wird, sondern von Tag zu Tag neu aufgebaut wird.

Die Schwingungskräfte des Lebens können in solch einem Maße angeregt und durch das Gewebe ausgestrahlt werden, dass jener Mensch aus Lehm wirklich zu einem Tempel des lebendigen Gottes wird und nicht nur ein Gefäß für unbewusste und gesteuerte Intelligenz bleibt ('Jener Mensch aus Lehm' ist ADAM KADMON, der „Urmensch", dem Gott —laut Kabbala— als erstem Menschen im Garten Eden den Odem des Lebens einhauchte. Nicht zu verwechseln mit ADAM HA-RISHON, dem Ehemann Eva´s, Anm. d. Ü.).

Durch sehr einfache hygienische Sorgfalt können wir das Leben einer jeden Lebensform deutlich verlängern. Es gibt daher einen berechtigten Grund zu glauben, dass das vollständige Verständnis der Schwingungskräfte und ihres Einflusses auf die Struktur des Körpers den Organismus dabei unterstützen kann, dauerhaft Leben auszudrücken.

Der Tod ist keine notwendige, unausweichliche Konsequenz oder Eigenschaft des Lebens. Biologisch gesehen ist der Tod eine relativ neue Sache, die erst dann in Erscheinung getreten ist, nachdem Lebewesen einen langen Weg auf dem Pfad der Entwicklung zurückgelegt haben.

Einzellige Organismen haben unter kritischer experimenteller Beobachtung ihre Unsterblichkeit bewiesen. Sie reproduzieren sich durch einfache Teilung des Körpers, indem aus einem Individuum zwei werden. Dieser Vorgang kann ohne Ende fortgesetzt werden, ohne Nachlassen der Zellteilungsrate und ohne das Hinzuziehen eines Verjüngungsprozesses — vorausgesetzt die Umgebung der Zellen ist günstig. Die Keimzellen aller sexuell differenzierten Organismen sind auf die gleiche Weise unsterblich. Vereinfacht können wir sagen, dass das befruchtete Ei eine somatische Zelle und mehrere Keimzellen hervorbringt. Bevor die somatische Zelle schließlich stirbt, haben einige Keimzellen bereits weitere somatische Zellen und Keimzellen produziert, und so einen kontinuierlichen Kreislauf geschaffen, der noch nie unterbrochen wurde, seit es auf der Erde mehrzellige Organismen gibt.

Solange die Fortpflanzung auf diese Weise in mehrzelligen Formen abläuft, gibt es keinen Platz für den Tod.

Die erfolgreiche Bildung von Zellgeweben bei den höheren Wirbeltieren über einen unbestimmt langen Zeitraum zeigt, dass der Tod auf keinen Fall eine notgedrungene Begleiterscheinung zellularen Lebens sein muss.

Es kann daher gesagt werden, dass die potentielle Unsterblichkeit aller wichtigen zellularen Bestandteile eines mehrzelligen Körpers soweit vollständig aufgezeigt oder ausführlich genug bewiesen wurde, dass dies als sehr wahrscheinlich gelten kann. Fasst man die Ergebnisse der Gewebeforschung in den letzten beiden Jahrzehnten zusammen, ist es sehr wahrscheinlich, dass die Zellen aller wichtigen Körpergewebe potentiell unsterblich sind, wie unter räumlicher Trennung unter Bedingungen dargelegt werden konnte, in denen die passenden Nährstoffe in der richtigen Menge geliefert wurden und Stoffwechselabfälle umgehend entfernt wurden.

Ein fundamentaler Grund, warum die höheren mehrzelligen Tiere nicht endlos leben, scheint in der Differenzierung und Spezialisierung der Zellfunktion und der Körpergewebe als Ganzes zu liegen; die individuellen Teile scheinen nicht die erforderlichen Bedingungen für ihre ununterbrochene Existenz vorzufinden. Innerhalb des Körpers hängt die Existenz eines jeden Teils von anderen Teilen oder von der Organisation des ganzen Körpers ab. Es ist die Differenzierung und Spezialisierung der Funktionen der gegenseitig voneinander abhängigen Zellanhäufungen und Gewebe, was beim vielzelligen Körper den Tod verursacht und daher ist es kein vererbter oder unausweichlicher Sterbevorgang in den einzelnen Zellen selbst.

Wenn Zellen charakteristische Alterserscheinungen

zeigen, dann wahrscheinlich als Folge ihrer gegenseitigen Abhängigkeit im gesamten Körper. Primär entstehen diese nicht in einer bestimmten Zelle aufgrund der Tatsache, dass die Zelle alt ist. Es passiert in den Zellen, wenn sie aus der gegenseitigen Wechselbeziehung im organisierten Körper als Ganzes gerissen werden. Kurzum, es scheint nicht so zu sein, dass der Tod ein grundlegendes Merkmal der physiologischen Ökonomie der individuellen Zellen selbst, sondern des Körpers als Ganzes ist.

Aktuelle Forschungen haben schlüssig aufgezeigt, dass Gewebe und Zellen im menschlichen Körper nicht notwendigerweise zerfallen müssen. Zuvor nahm man an, dass es keine Möglichkeit gibt, den Alterungsprozess aufzuhalten und dass die Zellen aufgrund ihres Alters zerfallen müssten, was mit Verschleiß gleichzusetzen wäre. Dies wird jedoch in Anbetracht der modernen Wissenschaft nicht länger gebilligt. Das wissenschaftliche Studium der Drüsen hat viele Forscher davon überzeugt, dass menschliche Zellen kontinuierlich verjüngt oder ersetzt werden können und dass so etwas wie Betagtheit für mehrere hundert Jahre abgewendet werden kann.

Es ist wohl bekannt, dass es ein Leben lang dauert, wertvolle Erfahrungen zu gewinnen. Menschen in Top-Positionen in der Wirtschaft sind oft mehr als 60 Jahre alt und ihr Rat ist gerade deswegen so gefragt, weil sie wertvollste Erfahrungen in all diesen Jahren erworben haben. Auch deshalb erscheint es von Bedeutung, die

Lebensspanne zu verlängern und tatsächlich gibt es aktuelle Hinweise darauf, dass dies möglich ist und so geschehen wird.

Einige unserer besten Autoritäten sehen keinen Grund, warum ein menschliches Wesen nicht ein Alter von mehreren hundert Jahren erreichen sollte. Nicht als ein herausragendes Ereignis, sondern als guter Durchschnitt betrachtet. Natürlich gibt es jetzt schon Menschen, die 125 Jahre alt sind, aber diese sind ganz klar die Ausnahme. Medizinische Wissenschaftler behaupten, dass das Ziel von 200 Jahren eines Tages erreicht werden wird. Wenn wir innehalten und uns in Erinnerung rufen, dass die durchschnittliche Lebensspanne einmal 40 Jahre betrug, und dass wir jetzt einen Mann von 50 Jahren auf dem Höhepunkt seines Lebens sehen, wer weiß, ob nicht in 50 Jahren ein Mann im Zenit seines Lebens 100 oder 150 Jahre alt ist.

Dr. Monroe, ein angesehener britischer Mediziner und Wissenschaftler, sagte einmal: „Als Maschine betrachtet enthält der menschliche Körper an sich keinerlei Anzeichen, die es uns ermöglichen, seinen Zerfall vorherzusagen; er ist scheinbar dazu gedacht, für immer zu funktionieren."

Aber von all den vielen Adepten oder Meistern, die das Licht über den drei Pfeilern der magischen Brücke am Brennen gehalten haben, hat es niemand klarer und schöner dargelegt als der große Prophet Jesaja:

„Alsdann werden der Blinden Augen aufgetan und der Tauben Ohren geöffnet werden; alsdann werden die Lahmen springen wie ein Hirsch, und der Stummen Zunge wird Lob sagen. Denn es werden Wasser in der Wüste hin und wieder fließen und Ströme im dürren Lande. Und wo es zuvor trocken gewesen ist, sollen Teiche stehen; und wo es dürr gewesen ist, sollen Brunnquellen sein. Da zuvor die Schakale gelegen haben, soll Gras und Rohr und Schilf stehen. Und es wird daselbst eine Bahn sein und ein Weg, welcher „der heilige Weg" heißen wird, dass kein Unreiner darauf gehen darf; und derselbe wird für sie sein, dass man darauf gehe, dass auch die Toren nicht irren mögen."

Die Nerven sind feine Fäden in verschiedenen Farben, jede mit einer speziellen chemischen Affinität für bestimmte organische Substanzen, so wie Öl oder Albumin, durch die und über die der Organismus materialisiert wird und die Vorgänge des Lebens ablaufen.

Mit etwas Fantasie kann man sich leicht vorstellen, dass diese grazilen, winzigen Fäden die Saiten der menschlichen Harfe sind, und dass die Mineralienmoleküle die Finger der unendlichen Energien sind, welche die Noten einer göttlichen Hymne erklingen lassen.

TEIL DREIZEHN

DIE EMOTIONEN

Deine Emotionen streben ständig danach, sich über Handlungen Ausdruck zu verschaffen. Das Gefühl der Liebe wird sich daher über liebevollen Dienst ausdrücken wollen.

Gefühle des Hasses werden in rachsüchtigen oder feindseligen Handlungen Ausdruck suchen.

Gefühle der Scham werden über Handlungen nach Ausdruck suchen, die zum Wesen der Ursache passen, die diese Emotionen verursacht haben.

Gefühle des Kummers werden die Tränendrüsen in heftige Aktion versetzen.

Daraus kannst du erkennen, dass sich die Energien der Gefühle immer auf diejenige Idee oder denjenigen Wunsch fokussieren, der ausgedrückt werden möchte.

Wenn die Gefühle über den entsprechenden Kanal ein Ventil finden, ist alles gut; wenn sie aber verboten oder verdrängt werden, aus welchem Grund auch immer, dann wird die Sehnsucht oder der Wunsch weiter an Energie gewinnen und dauerhaft ins Unterbewusstsein übergehen.

Ein auf solche Weise unterdrücktes Gefühl wird zu einem Komplex. So ein Komplex ist eine lebendige Sache —er besitzt Macht und Lebenskraft— und diese Lebenskraft behält ihre Intensität für die ganze Lebenszeit in unveränderter Weise bei, wenn sie nicht herausgelassen wird. Tatsächlich gewinnt sie mit jedem ähnlichen Gedanken, Verlangen, Wunsch oder Erinnerung sogar zusätzlich an Kraft.

Das Gefühl der Liebe veranlasst den Solarplexus aktiv zu werden, was im Weiteren die Drüsenfunktionen beeinflusst, diese wiederum bewirken einen Schwingungseffekt auf bestimmte Körperorgane, was letztlich Leidenschaft verursacht. Das Gefühl von Hass bewirkt die Beschleunigung bestimmter Körpervorgänge, welche die chemische Zusammensetzung des Blutes verändern und zum Eintreten einer quasi-Lähmung, oder über längere Zeit zu einer vollständigen Lähmung, führen.

Gefühle können durch geistige, verbale oder körperliche Handlungen ausgedrückt werden, was üblicherweise auch auf eine dieser drei Arten passiert. Auf diese Weise werden sie freigesetzt und ihre Energie hat sich in wenigen Stunden verflüchtigt. Wenn aber aufgrund von Ehre, Stolz, Ärger, Hass oder Verbitterung diese Gefühle dem Bewusstsein verborgen bleiben, werden sie im Unterbewusstsein zu geistigen Abszessen, die großes Leid verursachen.

So ein Komplex kann zu einem gegensätzlichen Ergebnis führen. So kann sich beispielsweise ein Mann, dem verboten wurde, seine Liebe für eine Frau auszudrücken, zu einem Frauenhasser entwickeln. Er kann sich vom Anblick weiblicher Dinge irritiert und genervt fühlen. Er mag stark, unabhängig und dominant erscheinen, aber sein Wille wird lediglich eine Tarnung sein, durch die er versucht, seine Sehnsucht nach Liebe und Sympathie zu verbergen, die ihm verwehrt geblieben ist.

Sollte dieser Mann schließlich einen Partner wählen, wird er in Bezug auf denjenigen, der ihm soviel Leid beschert hat, auf unbewusste Weise einen entgegen gesetzten Typ auswählen. Die Anhaftung wurde umgekehrt —er möchte keine weiteren Erinnerungen daran haben.

Leid ist ein Gefühl, und es öffnet die Türen zum Unterbewusstsein. Der Gedanke, "Das ist es, was ich für mein falsches Handeln bekomme", führt zu dem Schluss, "Nun, ich werde so etwas nie wieder tun!" Das ist der Wiedergutmachungsvorschlag, der durch Auto-suggestion der leidenden Person ins Unterbewusstsein weitergeleitet wird. Somit findet die Wiedergutmachung statt, weil sie das Verlangen der Seele ändert und auch ein neues Verlangen erschafft, die Konsequenzen des Leidens zu vermeiden, die durch die Buße aufgezeigt wurden.

Sehnsucht entsteht im unterbewussten Geist. Es ist einfach ein Gefühl. Gefühl entsteht in der Seele oder dem unterbewussten Geist. Angenehme Gefühle sind

Unterhaltung und Belohnung für den Dienst, den der unterbewusste Geist dem Körper leistet.

Du siehst also: Wenn irgendein Gedanke, eine Idee oder eine Absicht über die Gefühle den Weg ins Unterbewusstsein findet, nimmt das sympathische Nervensystem diesen Gedanken, diese Idee oder diese Absicht auf, leitet ihn in jeden Teil des Körpers weiter und macht so die Idee, den Gedanken oder die Absicht zu einer wirklichen Erfahrung in deinem Leben.

Die erforderliche Wechselbeziehung zwischen dem bewussten und dem unterbewussten Geist erfordert eine ähnliche Wechselbeziehung zwischen den entsprechenden Nervensystemen. Das zerebrospinale Nervensystem ist der Kanal, durch den wir die bewusste Wahrnehmung über die physischen Sinne empfangen und Kontrolle über die Körperbewegungen ausüben. Dieses Nervensystem hat sein Zentrum im Gehirn.

Jede Erklärung von Lebensphänomenen muss auf der Theorie der Einheit gründen. Das geistige Element, welches in allen Lebewesen gefunden wurde —diese kosmische Intelligenz— muss bereits bestanden haben, bevor etwas Lebendiges entstehen konnte, und daher besteht sie heutzutage überall um uns herum, fließt in und durch uns hindurch. Um sich auszudrücken, projiziert sich dieses kosmische Bewusstsein selbst in Lebewesen und es handelt mit bewusster Intelligenz beim Sichern seiner Nahrungsversorgung und dem

Entwickeln organisierter Verbände zu immer höheren Ebenen des Lebens.

Dieses kosmische Bewusstsein ist das schöpferische Prinzip des Universums —die göttliche Essenz aller Dinge. Es ist somit ein unbewusster Vorgang, und alle unbewussten Vorgänge werden durch das sympathische Nervensystem geregelt, welches das Organ des Unterbewussten Geistes ist.

Keine menschliche Intelligenz hat jemals Ergebnisse erzielt, wie es die kosmische Intelligenz erreicht hat, als sie beispielsweise für die Grundlage pflanzlichen Lebens ein den Pflanzen innewohnendes chemisches Labor erschaffen oder ausgefeilte mechanische Vorrichtungen und harmonische soziale Verbände innerhalb unseres eigenen Körpers entwickelt hat.

In der Mineralienwelt ist alles solide und fixiert. In der Tier- und Pflanzenwelt ist alles im Fluss —sich unentwegt verändernd, erschaffend und wiedererschaffend. In der Atmosphäre finden wir Hitze, Licht und Energie. Jeder Bereich wird feiner und spiritueller, während wir uns vom Sichtbaren zum Unsichtbaren bewegen, vom Groben zum Feinen und von wenigen Möglichkeiten zu vielen Möglichkeiten. Wenn wir das Unsichtbare erreichen, finden wir Energie in ihren reinsten und unbeständigsten Form.

Und da die machtvollsten Kräfte der Natur die

unsichtbaren Kräfte sind, erkennen wir, dass auch die machtvollsten Kräfte des Menschen seine unsichtbaren Kräfte sind —seine spirituellen Kräfte. Der einzige Weg, durch den diese spirituelle Kraft ausgedrückt werden kann, ist über den Vorgang des Denkens.

Addition und Subtraktion sind daher spirituelle Vorgänge. Logisches Denken ist ein spiritueller Vorgang. Ideen sind spirituelle Konzepte. Fragen sind spirituelle Scheinwerfer. Und Logik, Argumentation und Philosophie sind die spirituelle Ausrüstung.

Jeder Gedanke aktiviert ein bestimmtes körperliches Gewebe, Teile von Gehirn, Nerven oder Muskeln. Dies bewirkt eine tatsächliche körperliche Veränderung im Aufbau des Gewebes. Daher ist es lediglich notwendig, eine gewisse Anzahl von Gedanken auf ein gegebenes Thema zu lenken, um einen kompletten Wandel im körperlichen Aufbau des Menschen zu bewirken.

Gedanken von Mut, Kraft, Inspiration und Harmonie schlagen letztendlich Wurzeln, und wenn dies stattfindet, siehst du das Leben in einem neuen Licht. Das Leben wird dann eine neue Bedeutung für dich haben. Du wirst wiederhergestellt und mit Freude, Vertrauen, Hoffnung und Energie erfüllt sein! Du wirst Gelegenheiten erkennen, für die du bislang blind warst. Du wirst Möglichkeiten sehen, die für dich zuvor keinerlei Sinn ergaben. Die Gedanken, mit denen du durchdrungen bist, strahlen an alle in deinem Umfeld aus, und sie wiederum helfen dir, weiter und höher zu streben. Du ziehst neue Partner an, und das wiederum verändert deine Umgebung. Durch die einfache Übung des Denkens veränderst du nicht nur dich selbst, sondern auch deine Umgebung, Umstände und Bedingungen.

Diese Veränderungen werden durch das seelische Element des Lebens bewirkt. Dieses seelische Element ist nicht mechanisch. Aufgrund seiner Macht auszuwählen, zu organisieren und anzuleiten, kann solch eine Kraft nicht von vornherein mechanisch sein.

Die kosmische Intelligenz besitzt ein Gedächtnis, damit sie all die gemachten Erfahrungen aufzeichnen, und sich selbst in höhere Bereiche des Lebens entwickeln und sich dort organisieren kann. Diese Funktion des Gedächtnisses macht die ererbte, lenkende Kraft aus, die in lebendigen Organismen vorgefunden wird.

Diese ererbte, lenkende Kraft manifestiert sich oft als Angst. Angst ist ein Gefühl. Sie verschließt sich daher dem logischen Denken. Du kannst daher deine Freunde fürchten wie auch deine Feinde, oder du kannst die Gegenwart und die Vergangenheit genauso fürchten wie die Zukunft. Wenn dich Angst heimsucht, muss sie zerstört werden.

Es wird dich interessieren, wie das erreicht werden kann. Logisches Denken wird dir dabei in keiner

Weise weiterhelfen, denn Angst ist ein unterbewusster Gedanke —ein Produkt der Gefühle. Es muss daher einen anderen Weg geben.

Die Lösung ist das Erwecken des Solarplexus. Bringe ihn in Gang. Wenn du Tiefenatmung praktiziert hast, dann kannst du den Bauch bis an die Grenzen ausdehnen. Das ist das erste, was zu tun ist. Halte diesen Atemzug für ein bis zwei Sekunden an, und während du ihn immer noch anhältst, atme noch mehr Luft ein und bringe sie in den oberen Brustbereich und ziehe den Bauch ein.

Dies wird dein Gesicht rot anlaufen lassen. Halte auch diesen Atemzug für ein bis zwei Sekunden, und dann, während du den Atem noch immer anhältst, lasse die Luft vom Brustraum wieder in den Bauchraum fließen, indem du den Bauch wieder ausdehnst. Atme diesen Atemzug aber noch nicht aus, sondern blähe noch vier- bis fünfmal in rascher Folge abwechselnd Brust und Bauch auf, während du den gleichen Atemzug immer noch aufrechterhältst. Dann atme aus. Die Angst ist verschwunden.

Wenn dich die Angst nicht sofort verlässt, wiederhole diesen Vorgang bis sie weg ist. Es wird nicht lange dauern, bis du dich vollkommen normal fühlst. Warum? Zunächst einmal konzentriert sich diese Atemanstrengung auf die Magengrube und beeinflusst so das exakt gegenüberliegende große Nervengeflecht des sympathischen Nervensystems. Das ist der Solarplexus, der zu einem großen Teil die Durchblutung steuert.

Die Anregung des Solarplexus entfacht Nervenströme, und die wiederhergestellte Durchblutung stellt
die Kontrolle über die Muskeln wieder her.

Der Atem, der durch das rechte Nasenloch einströmt,
erschafft einen positiven elektromagnetischen Strom,
der an der rechten Seite der Wirbelsäule hinab fließt,
während der Atem, der durch das linke Nasenloch
eintritt, negative elektromagnetische Ströme an der
linken Seite der Wirbelsäule hinunter fließen lässt. Diese
Ströme werden von den Nervenzentren oder Ganglien
des sympathischen Nervensystems weitergeleitet.

Wir können buchstäblich über uns sagen, dass wir in
der Sonne leben, uns in ihr bewegen und dass in ihr unser
körperliches Sein ansässig ist. Diese Kraft oder Energie
tritt mit jedem Atemzug in die ätherische Milz ein. Und
während sie in die Milz eintritt, zieht der Solarplexus
diese Energie mit jedem Ausatmen zu sich heran, und
vom Solarplexus wandert sie die Nerven entlang zum
sakralen Nervengeflecht, das sich am unteren Ende
der Wirbelsäule befindet, zum Nervengeflecht des
Herzens, dem Zentrum des Gehirns. Dies sind die drei
Hauptenergiezentren des Körpers.

Vom Nervengeflecht des Herzens steigt diese
Lebensenergie über die Nerven zum Kopf. Wieder auf
dem Weg nach unten fließt sie durch das psychische
Zentrum. Dann durchfließt sie die Gesichtsnerven;
dann das bronchiale Zentrum; die Vorderseite der

Kehle; das Atemzentrum; die obere Brust und die Lungen; das untere Lungenzentrum, das sich oberhalb des Herzens befindet; das Zentrum der Vitalität und Sexualität unterhalb des Magens; und so durchwandert diese Lebensenergie den Nervenkreislauf, bis sie sich schrittweise durch die Poren der Haut nach außen arbeitet.

Daraus kannst du ohne weiteres erkennen, warum diese Übung den Erzfeind Angst vollständig auslöschen kann und wird.

Wenn du müde bist und du die Müdigkeit überwinden möchtest, dann stehe still, wo immer du gerade bist und lass dein gesamtes Gewicht auf deinen Füßen ruhen. Atme tief ein und stelle deinen Körper auf die Zehenspitzen, die Hände über dem Kopf ausgestreckt und die Finger zeigen nach oben. Bring deine Hände über dem Kopf zusammen, atme langsam ein und atme in heftiger Weise aus. Wiederhole diese Übung dreimal. Es wird nur eine oder zwei Minuten lang dauern, und du wirst dich erfrischter fühlen, so, als hättest du kurz geschlafen. Auf diese Weise wirst du mit der Zeit die Neigung zur Müdigkeit überwinden.

Der Vorzug dieser Übung liegt in ihrer Absicht. Absicht bewirkt Aufmerksamkeit. Das wiederum wirkt sich auf die Vorstellungskraft aus. Die Vorstellungskraft ist eine Form von Gedanken, die wiederum nichts anderes sind als bewegter Geist.

Alle Gedankenformen beeinflussen sich gegenseitig, bis sie einen Zustand der Reife erreicht haben, in dem sie sich selbst vervielfältigen. Das ist das Gesetz der Schöpfung. Dieses zeigt sich in den Eigenschaften des Individuums. Wenn der Körper groß, die Knochen schwer, die Fingernägel dick und das Haar grob ist, wissen wir, dass das Körperliche überwiegt. Wenn der Körper schlank, die Knochen feingliedrig und die Fingernägel dünn und biegsam sind, dann wissen wir, dass die geistigen und spirituellen Eigenschaften überwiegen. Grobes Haar weist auf materialistische Neigungen hin. Feines Haar ist ein Hinweis auf feinfühlige und unterscheidende geistige Qualitäten. Glattes Haar zeigt die Direktheit des Charakters auf. Gewelltes Haar zeigt Wechselhaftigkeit und unklare Gedanken auf.

Blaue Augen weisen auf eine glückliche, fröhliche, aktive und leichte Veranlagung hin. Graue Augen sind ein Hinweis auf eine kühle, kalkulierende, bestimmende Wesensart. Schwarze Augen signalisieren ein schnelles, nervöses, waghalsiges Gemüt. Braune Augen stehen für Aufrichtigkeit, Energie und Zuneigung.

Du bist daher eine vollkommene Verwirklichung deiner innersten Gedanken. Die Farbe deiner Augen, die Struktur deiner Haut, die Qualität deiner Haare und alle Züge und Kurven deines Körpers sind Hinweise auf den Charakter der Gedanken, die du für gewöhnlich unterhältst.

Nicht nur das, auch die von dir geschriebenen Briefe beinhalten nicht nur die Nachricht der Worte, sondern sie sind mit einer Energie geladen, die der Natur deiner Gedanken entspricht, und überbringen somit oftmals eine ganz andere Nachricht als von dir in der Regel beabsichtigt.

Zu guter Letzt, sogar die Kleidung, die du trägst, nimmt schließlich die dich umgebende geistige Atmosphäre auf, sodass der trainierte Psychometriker ohne Schwierigkeiten auf den Charakter derjenigen Person schließen kann, die jene Kleidung für eine gewisse Zeit getragen hat.

DU.

Ich fühle deine Brauen, dein Haar,
Du weißt es nicht, doch ich bin da.
Oh! Konntest Du doch wissen kaum—
Was damals waren Zeit, Ort und Raum.

TEIL VIERZEHN

MAGNETISMUS

In einem gewöhnlichen Eisen- oder Stahlstab ordnen sich die Moleküle wahllos an. Die magnetischen Ströme neutralisieren sich innerhalb des Stabes und so ergibt sich keine magnetische Wirkung nach außen.

Wenn der Stab magnetisiert wird, ordnen sich die Moleküle entsprechend dem Gesetz der Anziehung neu an: Sie drehen sich um ihre Achse und richten sich in einer nahezu geraden Linie aus, wobei die nördlich gepolten Enden in die gleiche Richtung zeigen. Die vorher geschlossenen magnetischen Kreisläufe werden so unterbrochen und es entsteht eine magnetische Wirkung nach außen.

Du kannst die relative Richtungsänderung der Eisen- oder Stahlmoleküle unter dem Einfluss des Magnetismus nicht sehen, aber die Wirkung zeigt, dass eine Veränderung stattgefunden hat. Wenn sich alle Moleküle um ihre Achse gedreht haben bis sie alle symmetrisch angeordnet sind, ist der Stab vollständig magnetisiert. Er kann nicht weiter beeinflusst werden, ungeachtet der auf ihn einwirkenden Kraft.

Der Stab ist nun zu einem Magneten geworden und übt in jede Richtung seine Kraft aus. Das Kraftfeld, das vom Magneten ausgeht, schwindet mit zunehmendem Abstand zum Magneten.

Die Magnetfeldlinien schließen ihren Kreislauf unabhängig voneinander und sie schneiden sich nicht gegenseitig ab, sie überschneiden sich nicht und sie verschmelzen auch nicht miteinander.

Eine andere Stange aus Eisen oder Stahl, die im Magnetfeld dieses Magneten platziert wird, nimmt die Eigenschaften des Magneten an. Dieses Phänomen ist unter dem Namen magnetische Induktion bekannt. Dies ist die Wechselwirkung, die immer der anziehenden Wirkung eines Magneten auf einen magnetischen Körper vorausgeht.

Elektrizität ist die unsichtbar wirkende Kraft, die uns nur über ihre verschiedenen Ausdrucksformen bekannt ist. Du selbst bist ein vollkommenes elektrisches Kraftwerk. Nahrung, Wasser und Luft stellen den Brennstoff bereit; der Solarplexus ist die Batterie; und das sympathische Nervensystem ist das Medium, über das der Körper mit Magnetismus aufgeladen wird. Schlaf ist der Vorgang, durch den die Batterie wieder aufgeladen wird und die lebenswichtigen Prozesse aufgefrischt und erneuert werden.

Das Männliche ist die positive oder elektrische Ladung, das Weibliche ist die negative oder magnetische Ladung. Das Männliche repräsentiert Fluss, Kraft und Energie. Das Weibliche repräsentiert Kapazität, Widerstand und Macht.

Was passiert, wenn jemand des anderen Geschlechts in dein Magnetfeld eintritt? Zunächst wirkt das Gesetz der Anziehung. Dann wirst du über den Vorgang der Induktion magnetisiert und übernimmst die Eigenschaften der Person, mit der du in Verbindung stehst.

Wenn eine andere Person dein Magnetfeld betritt, was geht dann von dem einen auf den anderen über? Was verursacht die Aufregung und das Prickeln über das gesamte sympathische Nervensystem? Es sind die Zellen, die sich neu anordnen, damit sie die Ladungen an Energie, Leben und Vitalität tragen können, die von dem einen auf den anderen übergehen, die Ladungen, die du über den Vorgang der Induktion erhältst. Du wirst magnetisiert, und während dieses Vorgangs nimmst du die Qualitäten und Eigenschaften der Person an, mit der du in Verbindung stehst.

Im Magnetismus, der von Person zu Person übertragen wird, steckt alle Freude, alle Trauer, alle Liebe, der Hass, die Musik, die Kunst, die Angst, das Leid, der Erfolg, die Niederlage, der Ehrgeiz, der Triumph, die Ehrfurcht, der Mut, die Weisheit, die Tugend, und die Schönheit, welche die Vererbung und die Umgebung im Leben deiner Liebe gespeichert haben. Denn es ist nicht weniger als Liebe: Das Gesetz der Anziehung ist das Gesetz der Liebe und Liebe ist Leben, und dies ist die Erfahrung, über die das Leben angespornt wird und über die die Vererbung von Charakter und Vorsehung bestimmt werden.

Wenn du mit diesen Gedanken von Liebe, Erfolg, Ambitionen, Triumph, Niederlage, Trauer, Hass, Angst oder Leid getränkt wirst, bist du dich ihrer sofort bewusst? Auf keinen Fall! Warum nicht? Die Antwort ist sehr einfach und verständlich: Das Gehirn ist das Organ des bewussten Verstandes und hat nur fünf Wege, durch die es mit der äußeren Welt in Kontakt treten kann. Diese Wege sind unsere fünf Sinne: Sehen, Hören, Riechen, Schmecken und der Tastsinn. Aber Liebe ist etwas, das wir nicht sehen können, nicht hören können; noch können wir es schmecken, riechen oder anfassen. Es ist somit schlichtweg ein unbewusster Vorgang oder Gefühl. Das Unterbewusstsein hat andererseits sein eigenes Nervensystem, womit es mit jedem Teil des Körpers verbunden ist und Empfindungen von der Außenwelt erhält. Der Mechanismus ist vollkommen; er steuert alle lebenswichtigen Vorgänge: das Herz, die Lunge, die Verdauung, die Nieren, die Leber und die Fortpflanzungsorgane. Die Natur hat offenbar dies alles der Kontrolle des bewussten Verstandes entzogen und der Kontrolle des verlässlicheren Unterbewusstseins unterstellt, wo es keinen Störeinflüssen unterliegt.

Wo ein körperlicher Kontakt hergestellt wird, entsteht eine völlig andere Situation. In diesem Fall wird über den Tastsinn auch das zerebrospinale Nervensystem aktiviert. Du wirst dich erinnern, dass der bewusste Verstand fünf Wege hat, um mit der äußeren Welt in Kontakt zu treten. Der Tastsinn ist einer von ihnen, und echter körperlicher Kontakt aktiviert nicht nur das sympathische Nervensystem, sondern auch das zerebrospinale Nervensystem.

Da das Gehirn das Organ dieses Nervensystems ist, wirst du dir solch einer Handlung sofort bewusst, weil durch geistigen und körperlichen Kontakt sowohl die Emotionen als auch die Gefühle angeregt werden und jeden einzelnen Nerv im Körper aktivieren.

Der durch diese Verbindungen entstehende Austausch sollte nutzbringend, inspirierend und vitalisierend sein, und so ist es auch, wenn die Verbindungen ideal und konstruktiv sind. Solch eine Verbindung erzeugt eine Wirkung im Bewusstsein und im Leben, versinnbildlicht von der wachsenden Kraft und Nützlichkeit beim Kreuzen von Pflanzen, Vögeln und Tieren. Das Ergebnis verheißt Zugewinn an Kraft, Nützlichkeit, Schönheit, Wohlstand oder Wert.

Das Prinzip der Anziehung, so wie es seit unendlichen Zeiten wirkt, offenbart sich selbst in Form von Wachstum. Das eine fundamentale und unausweichliche Ergebnis von Anziehung ist, dass sich Dinge, die eine Affinität zueinander haben, gegenseitig anziehen, woraus sich das unentwegt fortschreitende Wachstum des Lebens ergibt.

Du hast festgestellt, was passiert, wenn jemand des anderen Geschlechts in dein Magnetfeld eintritt. Lass uns nun betrachten, was passiert, wenn du dich jemandem gleichen Geschlechts näherst.

Jeder menschliche Austausch ist eine Frage von Zugeständnissen und du bist einer der Faktoren, der bestimmt, wie die Beziehung sein soll, und es liegt bei dir zu bestimmen, ob du der tonangebende Faktor in dieser neuen Beziehung sein willst.

Wenn du gibst, dann bist du der positive oder tonangebende Faktor.

Wenn du empfängst, bis du der negative oder empfängliche Faktor.

Jede Person ist ein Magnet sowohl mit positiven als auch negativen Polen und sie ist mit Neigungen ausgestattet, aus denen sich eine automatische Sympathie oder Antipathie gegenüber allem ergibt, was ihr näher kommt oder dem sie sich nähert.

Normalerweise weisen die positiven Pole den Weg und eine Annäherung zweier positiver Pole aus gegensätzlichen Richtungen lässt eine Kollision erahnen.

Die Grundlage des Lebens ist Harmonie. Misstimmungen sind Hindernisse, die dir im Weg stehen. Sie vernebeln die friedliche Wirklichkeit, die im Herzen einer jeden Erfahrung liegt. Aber indem du an Erfahrung gewinnst, wird es dir möglich, das Gute im scheinbar Schlechten zu erkennen, und deine Anziehungskraft erhöht sich in einem proportionalen Verhältnis dazu.

In dem Ausmaß, in dem deine Magnetisierung ihren

„Sättigungsgrad" erreicht hat, kannst du deine Beziehung zu anderen und ihre Beziehung zu dir bestimmen.

Jeder Magnet hat die Kraft, eine harmonische Verbindung mit einem weniger starken Magneten herbeizuführen.

Dies wird durch die Umkehrung der Polarität in einem der Magneten erreicht. Ungleiche Pole kommen dann in Frieden und Harmonie zusammen.

Der stärkere positive Magnet wird den schwächeren positiven Magneten dazu bringen, für die größere Macht, die auf ihn einwirkt, empfänglich zu werden.

Der schwächere Magnet kann gezwungen werden, diesem überwältigenden Einfluss gegenüber empfänglich zu werden. Er erkennt die treibende Macht und Kraft an, welche die Umkehrung seiner Polarität erforderlich macht.

Er wendet seinen positiven Pol ab und streckt seinen negativen Pol dem positiven Pol des stärkeren Magneten entgegen, und die beiden verbinden sich auf eine harmonische Weise.

Der negative Magnet mag allerdings das größere Wissen haben und nicht den Wunsch verspüren, andere zu dominieren. Da er große Weisheit besitzt, wird er den Gebrauch von Gewalt ablehnen.

Vielleicht zieht er es vor zu vermitteln oder wünscht

zu empfangen anstatt zu geben. Anstatt den schwächeren Magneten dazu zu zwingen, sich an die auferlegten Bedingungen anzupassen, kann der größere Magnet seine eigene Polarität freiwillig umkehren.

Wenn du eine großartige Seele bist, wirst du intuitiv wissen, wann du Zwang oder Widerstandslosigkeit ausüben sollst. Wenn Zwang ausgeübt wird, ist die daraus entstehende Harmonie eine unfreiwillige und zeitlich begrenzte Unterwerfung; die widerstandslose Methode bindet stattdessen aufgrund des gewährten Freiheitssinnes.

Die Zwang ausübende Vorgehensweise ist bezeichnend intellektuell, während die der Widerstandslosigkeit in ihrer Essenz spirituell ist.

Wenn du spirituell hoch entwickelt und gleichsam mit intellektueller Macht ausgestattet bist, kannst du letztere zu deinem größten Vorteil nutzen. In diesem Fall würdest du weder Vernunft noch Logik verwerfen, weil du in deinem mathematischen Verständnis des Lebens entsprechend der Anforderungen deines Problems spirituelle Geometrie, mentale Algebra und physische Arithmetik anwenden wirst.

Du wirst feststellen, dass das Leben immer wiederkehrende Gelegenheiten für Anpassung, Kompromiss und die Umkehrung von Polaritäten mit sich bringt. Du kannst dem Zwang durch nachgiebiges

Unterordnen entkommen und den Einsatz von Gewalt über die Bitte nach einem weniger unangenehmen Zugeständnis vermeiden.

Du kannst unwilligen Gehorsam befehlen oder ausführen, oder du kannst zu freiwilliger Kooperation einladen und empfangen.

Du kannst Harmonie herbeiführen und Freundschaften schließen, oder du kannst Hass aussäen, der sich in Verpflichtungen ausdrückt, denen schließlich nachzukommen ist.

Ein Verständnis über die Eigenschaften des menschlichen Magneten wird dir ermöglichen, viele der Probleme des Lebens zu lösen.

Konflikt und Opposition haben ihren Platz, aber für gewöhnlich erzeugen sie Hindernisse und Fallgruben, die es zu vermeiden gilt.

Du wirst feststellen, dass du sinnlose Opposition und überflüssigen Konflikt immer vermeiden kannst, indem du deine Polarität umkehrst oder deinen möglichen Gegenspieler zur Umkehrung seiner Polarität bringst.

Du bist in der Tat in der liebevollen Obhut von Prinzipien, die unveränderlich sind und die ausschließlich zu deinem Nutzen entwickelt wurden.

Du kannst dich in Harmonie mit ihnen einfinden

und so ein Leben in verhältnismäßigem Frieden und Glück zum Ausdruck bringen, oder du kannst dich dem Unausweichlichen mit den gezwungenermaßen unangenehmen Folgen entgegenstellen.

Du bestimmst deine bewusste Beziehung zu allem, was existiert. Du drückst in einem exakten Verhältnis das Glück bzw. das entsprechende Gegenteil davon aus, das du dir durch die Verbindungen, die du in deinem Leben zugelassen hast, verdient hast.

Du kannst aus jeder einzelnen Erfahrung die darin enthaltene spirituelle Lektion lernen, oder du kannst dich so verhalten, dass noch viele solcher Erfahrungen erforderlich sind.

Du kannst aus Erfahrungen umgehend und mit Leichtigkeit weise Schlüsse ziehen oder du kannst das gleiche langsam und mühevoll tun.

Dir ist es möglich, deine Bedingungen bewusst zu kontrollieren, indem du die Ursachen erspürst für das, was du anziehst, und dann jeder Erfahrung das entnimmst, was für dein weiteres Wachstum erforderlich ist.

Wenn du dir diese Fähigkeit zu einem hohen Grad angeeignet hast, kannst du sehr schnell wachsen und neue Gedankenebenen erreichen, auf denen Gelegenheiten für noch größeren Dienst auf dich warten. Es liegt bei dir, dass du auf jeder nachfolgenden Ebene lernst, diese größeren Harmonien auszudrücken, die das höhere Wachstum für dich erreichbar gemacht haben, denn du kannst dir das, was zu deinem Nutzen oder Vorteil ist, nur aneignen, indem du es zum Ausdruck bringst.

Du bist nun in das Grenzgebiet der grundlegenden, der fundamentalen, der aktiven Prinzipien des Lebens eingetreten. Vor einigen Jahren warst du dir der unzähligen Schwingungen um dich herum nur wenig bewusst —wie etwa der elektrischen, magnetischen, wärme- und strahlungsbedingten— das, was dich jetzt beschäftigt, damit du es kontrollieren und für dich nutzen kannst.

Nehmen wir einmal an, dass das, was du als „Elektronen" bezeichnest, aktive Intelligenzzentren sind, die mit einem Unendlichen Geist in Verbindung stehen, der alle Weisheit und alles Wissen in sich trägt. Dieser großartige Geist, der in Entwürfen denkt und die Endergebnisse von Anfang an sieht.

Nehmen wir an, dass „Elektronen" nicht nur Kraft- und Energiezentren sind, sondern auch Zentren der Intelligenz; und dass die Menschheit schließlich entdecken wird, dass das Gehirn ein organisiertes Zentrum von Millionen dieser intelligenten Elektronen ist, und dass diese mit allen anderen Elektronen, aus denen das Universum besteht, in Verbindung stehen.

Das Universum ist die Auswirkung eines

Schwingungssystems. Der Kosmos ist über die Einwirkung von Energie organisiert, die mit bestimmten Frequenzen übereinstimmend schwingt und diese so in Form ausdrückt. Das Universum könnte daher nicht anders sein als es ist, es sei denn, der Schwingungseinfluss, der es organisiert hat, wäre ein anderer gewesen. Das Universum ist die zum Ausdruck gebrachte Form dieser Schwingungseinflüsse, die es aus dem kosmischen Äther oder der kosmischen Energie organisiert und gebildet haben.

Sir William Crooks nahm eine kleine Menge sehr feinen Sand und verteilte ihn auf einem Trommelfell. Dann nahm er unterschiedliche Stimmgabeln und stimmte verschiedene Töne etwas oberhalb des Trommelfells an, so dass sich die Schwingung dieser bestimmten Note auf das Trommelfell übertragen hat. Dabei konnte man sehen, wie der Sand sich verlagerte, um ein bestimmtes geometrisches Muster zu bilden, das diesem bestimmten angeschlagenen Ton entsprach.

Wenn eine andere Note angestimmt wurde, verlagerte sich der Sand und nahm ein anderes Muster an, was aufzeigt, dass die Noten einer Tonleiter in jeder Substanz ein entsprechendes Muster erzeugen, das so plastisch ist, dass es Gestalt annimmt nach der Vorgabe des jeweiligen Tones.

Das beweist, dass Schwingung der Ursprung von Form ist und jede bestimmte Frequenz eine entsprechende Form ergibt.

Schwingung ist daher die Grundlage der Physik. Formen wie Licht, Hitze, Farbe und Klang sind untrennbar mit Schwingungsaktivitäten verknüpft. Jede Schwingung drückt sich selbst als Muster aus, das dieser bestimmten Frequenz entspricht.

Form ist somit das organisierte Ergebnis von Energie einer bestimmten Frequenz. Schwingungen drücken sich selbst in entsprechenden geometrischen Mustern aus und bilden auf diese Weise Kristalle. Diese Kristalle sind der Ausdruck jener Schwingung. Eine größere Anzahl dieser Kristalle bilden zusammen einen Körper, der den Auswuchs dieser bestimmten Schwingung darstellt.

Studiere die wunderschönen Formen der Schneeflocken, die an kalten Wintertagen fallen. Du wirst herausfinden, dass an einem Tag die Formen anders sind als am Tag zuvor oder dem Tag danach, auch wenn sich die Bedingungen nur im geringsten Maße geändert haben.

Nichtsdestotrotz haben diese kleinen Unterschiede ausgereicht, um diese so unterschiedlichen Formen hervorzubringen, von der jede der exakte Ausdruck einer besonderen, komplexen Beziehung zwischen Feuchtigkeit, Bewegung, Druck, Temperatur, Seltenheit, elektrischer Spannung und chemischer Zusammensetzung der Luft ist, die während ihrer Bildung vorgeherrscht hat.

Wenn ein Faden in eine Schüssel mit einer Salzlösung

eingetaucht und dann wieder herausgezogen wird, sammeln sich über die gesamte Länge des eingetauchten Fadens eine Menge mathematisch perfekter Salzkristalle an.

Naturforscher haben beobachtet, dass diese Kristalle niemals genau gleich sind. Das bezieht sich nicht nur auf die verschiedenen chemischen Elemente, sondern wir wissen, dass jeder einzelne Kristall etwas anders ist. Nun, da wir wissen, dass diese Kristallisierung auf Schwingungen beruht und dass alle verschiedenen Formen von Kristallen auf unterschiedlichen Frequenzen beruhen, können wir die Tatsache erkennen, dass die Eigenart eines jeden Objekts auf der entsprechenden Eigenart der Schwingung beruht, die sie zum Ausdruck gebracht hat.

Es ist das Gesetz der Schwingung, das die Frucht eines jeden Gedankens heranwachsen lässt, ganz gleich, ob förderlich oder nicht förderlich, wünschenswert oder nicht wünschenswert. Es ist dieses Gesetz, das bewirkt, dass die Dinge, die wir uns vorstellen, Gestalt annehmen; es ist dieses Gesetz, das dem Diamanten seine Brillanz verleiht, dem Amethysten seinen Glanz, der Traube ihre Farbe, der Rose ihren Duft und der Lilie ihre Schönheit; und es geschieht durch dieses Gesetz, dass jeder von uns die Partner, Erfahrungen, Umstände, Bedingungen und die Umgebung anzieht, die uns mit den angestrebten Objekten und Absichten verbinden.

Existenz kann mit dem Produkt eines Webstuhls

verglichen werden. Das Muster und das Design sind da; aber sobald die Fäden eingespannt wurden, sind Webstühle nur Maschinen, während der Webstuhl der Zeit durch eine Vielzahl frei wirkender Kräfte, die das Gewebe verändern können, wesentlich komplizierter ist. Diese Kräfte machen das Produkt schöner oder hässlicher entsprechend ihrer Harmonie oder Disharmonie gegenüber dem zugrunde gelegten Schema.

Mit den arabischen Ziffern — 1, 2, 3, 4, 5, 6, 7, 8, 9, 0 — kann jede nur denkbare Zahl ausgedrückt werden.

Mit den 26 Buchstaben des Alphabetes kann jeder denkbare Gedanke ausgedrückt werden.

Mit den 14 Hauptelementen kann jedes fassbare Ding organisiert werden.

Was in der anorganischen Welt wahr ist, gilt ebenso in der organischen Welt: Bestimmte bewusste Vorgänge werden zwangsläufig die gleiche Konsequenz nach sich ziehen. Es ist offensichtlich, dass dafür eine intelligente Kraft erforderlich ist, welche die Aktivitäten dieser Elektronen lenkt und sie dazu bringt, dass sie sich in gewohnter mathematischer Präzision verbinden und so Materie jeglicher denkbarer Form erschaffen.

Geist ist daher die Quelle, aus der alles hervorgeht und zwar in dem Sinne, dass die Aktivität des Geistes die ursprüngliche Ursache von allem ist, was entsteht und entstanden ist. Das ist so, weil die ursprüngliche Quelle aller Dinge ein entsprechender Gedanke im universellen Geist ist. Die Essenz einer Sache ist es, die ihr Wesen ausmacht, und die Aktivität des Geistes bewirkt, dass diese Essenz Form annimmt.

Eine Idee ist ein Gedanke, der im Geist erdacht wurde, und diese bekannte Form des Gedankens ist die Grundlage aller Formen in dem Sinne, dass sie der grundlegende Ausdruck aller Formen ist, der auf das Stoffliche einwirkt und die Ausformung auslöst.

Nichts kann bestehen, es sei denn, es gibt eine Idee oder eine ideale Form, die im Geist erzeugt wurde. Solche Ideen wirken auf das Universelle ein und erzeugen weitere entsprechende Formen.

Da Materie verkörperter kosmischer Geist ist, erkennen wir, dass alles mit einer Intelligenz beseelt ist, die ihre Entwicklung und Verwirklichung lenkt. Es ist diese Intelligenz, die bewirkt, dass Steine zusammenhalten und kristallisieren, während Pflanzen das Leben auf eine völlig andere Weise zum Ausdruck bringen.

Pflanzen teilen ihre Zellen schnell und nehmen Feuchtigkeit, Luft und Licht bereitwillig auf, während der Stein sie abstößt. Aber sowohl Pflanzen als auch Steine verbinden und wandeln Elemente im genau richtigen Verhältnis um und können sich so vermehren, aufrechterhalten und ihre Art vielfältig gestalten.

Für Jahrhunderte war der einzige Sinn im Leben des Menschen genauso einfach wie der der niederen Tiere und Pflanzen: das einfache Ziel, sich selbst zu erhalten und für Nachkommen zu sorgen. Menschliche Wesen waren mit den einfachsten organischen Aufgaben wie Nahrungssuche und Fortpflanzung zufrieden. Hunger und Liebe waren ihre einzigen Handlungsmotive. Für eine lange Zeit mussten sie sich ausschließlich mit dem Ziel der Selbsterhaltung beschäftigen.

In unseren Ahnenreihen wurden verschiedene Wege gegangen und spezifische Charaktere haben sich etabliert. Nichts davon geht verloren, da sowohl Ahnenreihen als auch Charakter von Generation zu Generation projiziert werden. Die Verbindungen sind zwar unsichtbar, werden aber niemals unterbrochen. Auch werden sie niemals abrupt in andere Ausdrucksformen geändert. Die Charakteristiken gehen auch niemals verloren, auch wenn sie über die Zeitalter hinweg fortgesetzt von Generation zu Generation projiziert werden.

Alle jene Elemente, die als Überträger oder Medium beim schöpferischen Prozess von Energie benutzt werden, können wir herausziehen, analysieren und vermischen, doch wir werden niemals das Element finden, das eine Nuss, eine Pflaume oder auch nur ein Senfkorn erschaffen wird, wenn wir nicht die Energie auf die Vererbungslinien beschränken, die als Bauformen dienen und zuerst erschaffen werden müssen.

Vererbungslinien sind die unsichtbaren Pfade, über die und durch die die Natur seit jeher jedes Element und jedes Objekt der Schöpfung zum Ausdruck bringt, von der Ebene der Pilze bis hin zum intellektuellen und spirituellen Menschen.

In der höchsten Ausdrucksform kommt das Prinzip der Anziehung als Liebe zum Ausdruck. Liebe ist das eine universelle Prinzip, das die scheinbar unfreiwillige Affinität bei Mineralien und pflanzlichen Substanzen genauso bestimmt, wie die Leidenschaft bei Tieren oder die Liebe beim Menschen.

Das Gesetz der Liebe ist pure Wissenschaft, und die älteste und einfachste Form der Liebe ist die frei wählbare Anziehung zweier unterschiedlicher Zellen. Das Gesetz der Liebe steht über allen Gesetzen, da Liebe Leben ist.

Fortschritt als das Ziel der Natur und Uneigennützigkeit als das Ziel des Fortschritts beinhaltend, stellt sich das Buch des Lebens als einzigartige Liebesgeschichte heraus.

TEIL FÜNFZEHN

VORSTELLUNGSKRAFT

Du kannst dir viele Dinge vorstellen oder einbilden, die nicht so sind; wenn du dir diese Dinge aber kontinuierlich vorstellt, werden sie letztendlich stattfinden; warum ist dem so?

Dem ist so, weil die Vorstellungskraft der Vorgang ist, dir diese Dinge im Geist einzu-BILD-en, und das ist die schöpferische Methode der Natur.

Du magst vielleicht denken, dass deine Vorstellungskraft nichts erschaffen kann. Nun, du kannst es dir leicht beweisen, ob dem so ist oder nicht. Nimm ein weißes Stück Papier von circa 24 Quadratzoll (knapp 150cm^2 —gute 12cm x 12cm, Anm. d. Ü.). Male nun einen Kreis so groß wie es das Papier erlaubt und ziehe eine horizontale Linie durch das Zentrum des Kreises. Nenne das linke Ende der Linie A und das rechte Ende B. Ziehe nun eine vertikale Linie durch den Kreis und nenne das nördliche Ende C und das südliche Ende D. Nimm nun einen Bleistift und befestige an ihm eine Schnur von zirka 20 cm Länge, und befestige am anderen Ende ein kleines Gewicht von der Größe einer Geldmünze. Nun der Beweis:

Lege das Papier auf einen Tisch, stehe aufrecht und halte den Bleistift über das Papier, so dass sich das Pendel über dem Zentrum befindet, wo sich die beiden Linien überschneiden. Nun visualisiere die Linie A-B, aber bewege dich nicht; in einigen Minuten wird das Pendel entlang der Linie A-B schwingen. Nun stelle dir die Linie C-D vor; das Pendel wird aufhören hin und her zu schwingen und damit beginnen, entlang der Linie C-D zu schwingen.

Nimm nun deine Vorstellung gänzlich von den Linien und fokussiere sie auf den Kreis. Das Pendel wird beginnen, kreisförmig zu schwingen.

Visualisiere nun, dass das Pendel schneller und schneller schwingt, so dass du es kaum stoppen kannst. Die Bewegung wird so schnell werden, dass du sie kaum wahrnehmen kannst.

Stelle dir abschließend vor, dass es sich überhaupt nicht bewegt, dass damit irgendwas nicht in Ordnung sei.

Es wird stillstehen!

Dieses Experiment wurde von Herrn Charles Baudouin vom Jean Jacques Institut in Frankreich angewandt, um seinen Studenten die Macht der Gedanken (der Vorstellungskraft, Anm. d. Ü.) zu demonstrieren.

Du magst denken, dass es sich hierbei um Willenskraft handelt. Dem ist aber nicht so. In der Tat, wenn du versuchst, das Pendel mit Willenskraft zu bewegen, wird es nicht nachgeben; du musst an das Ergebnis denken (dir das Ergebnis bildlich vorstellen, Anm. d. Ü.), nicht wie es erreicht werden kann.

In seinen Experimenten hat Herr Baudouin herausgefunden, dass je mehr Intelligenz der Student besaß, er desto schneller Resultate erzielte. Diejenigen Studenten, die in ihrer Denkweise mehr oder weniger mangelbehaftet waren, waren sehr langsam; in manchen Fällen waren die Resultate fast vernachlässigenswert.

Wenn du dich mit der Wirkungsweise dieses Gesetzes bekannt machst, wirst du das Geheimnis des Erfolgs, der Gesundheit, des Wohlstands, des Glücks und der Beliebtheit gefunden haben.

Du wirst ein Gesetz entdeckt haben, welches genauso zuverlässig wirkt, wie das Gesetz der Schwerkraft.

Wenn dieses Gesetz zum Zwecke des materiellen Erfolges oder Wohlstands eingesetzt wird, wird es das schöpferische Gesetz des Wohlstands genannt.

Du magst dich fragen, wie kann dieses Resultat erreicht werden? Wie werden die Dinge zu dir gebracht, die dich harmonisch, wohlhabend und glücklich machen? Sie kommen über das Funktionieren natürlicher Gesetze zu dir.

Geist, universelles Bewusstsein, Leben, Energie — sie drücken sich durch alle Formen der sichtbaren und unsichtbaren Seite des Lebens aus. Das menschliche Gehirn ist das feinste, höchstschwingende Vehikel auf dieser Ebene und hat somit die Kraft oder Kontrolle über alle Dinge.

Wenn du an etwas Besonderes denkst oder dich darauf konzentriert, rufst du eine neue Verursachungskette ins Leben; und wenn dein Gedanke dann ausreichend konzentriert und kontinuierlich in deinem Geist gehalten wird, was passiert dann?

Dann kann nur Eines passieren. Was auch immer deine Vision, was auch immer deine Vorstellung, dieses Bild wird durch die universelle Intelligenz akzeptiert, welche sich durch die Zellen deines physischen Körpers und deiner Umgebung ausdrückt, und diese Zellen senden ihre Rufe an die großartige formlose Energie, die sich überall um dich herum befindet, um das Material anzuziehen, welches mit dem Bild übereinstimmt und mit seiner Schwingung harmoniert. Ganz gleich, ob es ein Bild von Erfolg in einem bestimmten Bereich oder Angst vor einer bestimmten Sache ist, du rufst nach den Atomen aus der formlosen Energie, welche dir den Erfolg bringen oder eben die Dinge, vor denen du dich gefürchtet hast — du stehst in Beziehung mit den notwendigen Umständen, welche die von dir gewünschten oder befürchteten Dinge verwirklichen.

Gedanken voller Ärger, Hass, Angst, Eifersucht, Sorge, etc. wirken sich direkt auf Sekrete aus, die einen Giftstoff im Organismus hervorrufen, welcher den Körper mit der Zeit zerstört, es sei denn, sie werden ersetzt durch Gedanken der Liebe, Harmonie, Freude, des Vertrauens, etc.. Konstruktive Gedanken sind stärker als destruktive, aber Liebe ist das stärkste von allem.

Alle großartigen Lehrer sagen uns, dass die Liebe das grundlegende Gesetz unseres Wesens ist. Liebe Gott, liebe deinen Nachbarn, liebe dich selbst, liebe deine Feinde, liebe alles und jeden. Niemand kann es sich leisten zu hassen, denn Hass zerstört den Hassenden. Es wird gesagt: „Wen die Götter zerstören wollen, den machen sie als erstes ärgerlich."

Wohlstand ist ein harmonischer, schöpferischer Zustand des Seins. Schöpferisches Gesetz wird jede Art von Disharmonie überwinden, sei sie finanziell, körperlich, geistig, moralisch oder gesellschaftlich.

Gedanken des Wohlstands, der Liebe, der Freude und des Glücks wirken sich auch auf das Herz aus und resultieren in einem guten Blutkreislauf und einem gesunden Körper. Es steckt viel Wahrheit in den Worten, „Lache und werde fett" und „Ein fröhliches Herz tut gut wie Medizin."

Jeder Arzt wird dir sagen, dass, wenn er einen guten Kreislauf reinen Blutes zu dem betroffenen Teil oder Organ des Körpers schicken kann, er ihn heilen wird, ganz gleich, was das Problem zu sein scheint.

Aller Besitz gründet auf Bewusstsein. Zuwachs ist das Resultat eines sich anhäufenden Bewusstseins. Jeglicher Verlust ist das Resultat eines sich zerstreuenden Bewusstseins. In anderen Worten bedeutet dies, dass Gedanken Dinge sind und dass Dinge Gedanken sind —

was man denkt, verwirklicht sich. Heutzutage fotografiert man Gedanken, die zeigen, wie sie in dem umgebenden Äther —der universellen Substanz— Form annehmen. Das sind wissenschaftliche Fakten.

Denken ist eine schöpferische Energie und wird automatisch mit dem Objekt in Bezug treten und es verwirklichen, weil Denken eine spirituelle Energie oder Schwingung ist.

All das bringt uns zurück zu der Tatsache, dass Wohlstand das Resultat von korrektem oder schöpferischem Denken ist, und dass Armut das Resultat von falschem oder zerstörerischem Denken ist.

Du kannst es dir innerhalb kürzester Zeit selbst beweisen.

Nimm am Anfang diese Worte: „Ich bin vollkommen, perfekt, stark, mächtig, liebevoll, harmonisch, wohlhabend und somit glücklich." Wiederhole sie dir immer wieder, solange du daran denkst, insbesondere als letztes am Abend, bevor du dich zum Schlafen legst, und als erstes am Morgen, wenn du aufwachst. Erinnere dich, dieses sind schöpferische Worte.

Jeder Gedanke oder jedes dem gegenüberstehende Wort ist zerstörerisch, und es darf ihnen nicht erlaubt werden, dass sie Eintritt in deinen Geist erhalten oder in Worten ausgedrückt werden. Jedem Gedanke über Krankheit oder Schmerz steht Ganzheit und Perfektion gegenüber und sollte durch folgende Aussage eliminiert werden: „Ich bin vollkommen und perfekt!" Jeder Gedanke der Schwäche steht dem der Stärke gegenüber und sollte aus deinem Geist verbannt werden, indem du sagst: „Ich bin stark und kraftvoll!"

Dieses Gesetz zu kennen und im Einklang mit ihm zu leben ist der Weg, Wohlstand auf einer soliden Grundlage zu erschaffen, die durch nichts zerstört werden kann.

Aufgrund dieses Gesetzes werden Dinge, die man sehen kann, aus Dingen erschaffen, die nicht sichtbar sind.

Naturwissenschaftliche Studenten erzählen uns, dass jedes Element in der materiellen Welt bereits im Äther vorhanden ist. Aus diesen Elementen nimmt der Kohl das, was er benötigt, um einen Kohl zu formen. Aus den gleichen Elementen formt sich ein Apfelbaum und gibt den Äpfeln Farbe, wie auch die Rose aus diesen Elementen Farben produziert und ihren Duft erhält. Gewiss sollte der Mensch ebenso wie der Kohl, der Apfel oder die Rose über den Umgang mit diesen Elementen Bescheid wissen.

Studenten der Natur sagen uns auch, dass es nur eine universelle Substanz gibt, aus der alle Dinge hervorgehen, und dass der Unterschied zwischen Fleisch, Gemüse, Stein, Eisen, Glas, etc. in der unterschiedlichen Schwingung, oder Bewegung dieser

Teilchen liegt, während sie zusammengebracht werden und aufeinander einwirken.

Wenn du Gedanken der Gesundheit, der Liebe und des Wohlstands aussendest, werden sie vielfältig zu dir zurückkehren, wie die Saat, die du in deinem Garten aussäst. Sendest du zerstörerische Gedanken aus, werden sie als Unkraut vervielfältigt zu dir zurückkehren. Du erntest, was du säst.

Ein Gesetz bestimmt jegliche Erscheinungsform von Licht, Hitze, Ton und Energie. Ein Gesetz regelt jede materielle Sache und jeden immateriellen Gedanken. Ein Gesetz bedeckt die Erde mit Schönheit und füllt sie mit Überfluss. Solltest du dir dann nicht auch gewiss sein, dass es auch die Verteilung dieses Überflusses regelt?

Allerdings gibt es viele Gesetze, mit denen du möglicherweise nicht vertraut bist. Wenn du z.B. wenig Lust hast, einem Jazz-Musikstück zu lauschen, welches von einem New Yorker Hotel ausgestrahlt wird, drehst du den Regler ein wenig weiter und erhältst die schönen Noten einer Violine aus Detroit oder Cleveland oder Chicago. Drehst du den Regler wieder ein bisschen weiter, hörst du ein Orgelsolo aus Omaha oder Denver. Ein wenig weiter gestellt, ein Gesangsquartett aus San Francisco oder Los Angeles. Das ist wahr, ganz gleich ob durch in einem Apartment in New York lebst oder in einem Bungalow auf denen Inseln von Hawaii, oder ob du ein Leuchtturmwärter an den Ufern Alaskas bist.

Das einfache Drehen am Regler lässt dich den gesamten Kontinent durchschreiten, und du kannst auf dem Weg so oft anhalten wie du möchtest — alles deshalb, weil die verschiedenen Sender auf unterschiedlichen Wellenlängen ausstrahlen.

Die Wellenlänge hängt von der Frequenz oder der Anzahl der Schwingungen ab, die innerhalb einer Sekunde einen bestimmten Punkt durchschreiten.

Die stärkeren Sender können eine Nachricht aussenden, die gleichzeitig jede einzelne Person in den Vereinigten Staaten erreicht; die Nachricht wird aber nur diejenigen erreichen, die einen Empfänger haben, der auf die Station eingestellt ist, welche die Nachricht aussendet.

Alle sieben Planeten des Sonnensystems erschaffen Schwingungen im Äther. Diese Schwingungen sind von solch hoher Frequenz, dass es bis dato keine Möglichkeit gibt, sie zu messen.

Diese Schwingungen verändern die Eigenschaften der Gedanken, der Emotionen und der Impulse und beeinflussen somit das Leben eines jeden lebendigen Organismus.

Und warum sollte das nicht wahr sein? Die Nachricht eines gewöhnlichen Senders wird mit einer Energie von ungefähr 5000 PS ausgestrahlt, wohingegen ein Planet wie Jupiter mit einem Durchmesser von 85.000 Meilen eine fast unvorstellbare Menge an Energie entwickelt, während er sich seinen Weg durch den Äther mit der Geschwindigkeit einer Kanonenkugel bahnt.

So ist das Verhalten der Natur im Vergleich zum Verhalten der Menschen, denn du bist geneigt, eher die Ergebnisse menschlicher Mühen zu schätzen, aber den Einfluss der größten existierenden Ansammlung physikalischer Kraft gering zu schätzen oder abzulehnen.

Wenn du die Worte „Ich bin wohlhabend, harmonisch und glücklich" wiederholst, stellst du dich auf den Jupiter ein, die mächtigste Station, die existiert.

Du erhöhst deine Schwingung, du erhöhst die Frequenz, du verkürzt die Wellenlänge.

Jupiter ist der Sender des Glücks, der Sender der Kraft, der Sender des Überflusses.

Stimme dich mit deiner geistigen Skala auf seine Frequenz ein!

PETER BELL

Er streunte durch Täler und Flüsse,
Im grünen Wald, auf offenem Feld;
 Sie waren sein Schutz zu Nacht und Tag
 Doch die Natur fand nie den Pfad
Ins Herz von Peter Bell.

Vergeblich durch jedes neue Jahr,
Die Natur ihn führte wie seither,
 Am Ufer eine Primel stand da,
 Für ihn eine gelbe Primel bloß war,
Und nichts weiter.

WORDSWORTH.

TEIL SECHZEHN

VORSEHUNG

Schönheit begleitet immer das Walten von Struktur und Bewegung, in der Tat ist sie der Ausdruck dieses Waltens. Jede Verbesserung in Geschwindigkeit oder Geradlinigkeit der Bewegung muss der Anpassung gedient haben, muss dem Individuum einen Vorteil gegeben haben, Essen zu erlangen, Feinden zu entkommen, oder in mancher Hinsicht auch seine sich entwickelnde Position zu sichern.

Schönheit und Intelligenz sind das Resultat verschiedener Phasen der gleichen Kräfte organischer Entwicklung. Was gut ist, nennen wir schön.

Eine edle Kutsche, ein leichter, energischer, rhythmischer Schritt, ein süßer Atem, gute Zähne, reine Haut, eine angenehme musikalische Stimme, ein wohl geformter Hals, rote Lippen, ein gut entwickeltes Kinn, und klare, helle, lebendige Augen sind Anzeichen von Gesundheit.

Die Ideale menschlicher Güte, von Charakter, Moral, Schönheit, Intelligenz, Gesundheit, gesundem Verstand und Energie, die wir unseren jungen Männern und Frauen beibringen, bringen sie dazu, diese Dinge in ihren Partnern zu suchen.

Die Ideale werden somit in die körperliche und geistige Zusammensetzung der Rasse hineingezüchtet. Sie werden zu ihrem wertvollsten Besitz.

Und da dieser Fluss von Ursprungsplasma fast unverletzlich ist, kommt es dazu, dass, wenn eine Rasse durch natürliche Auswahl Gesundheit und Charakter erreicht hat, diese Werte an die folgenden Generationen vererbt werden können, bis sich der Fluss des Lebens in das Meer der Unendlichkeit ergießt.

Um die Gleichheit der Saat in Anzahl und Qualität zu bewahren, hat es die Natur bestimmt, dass sich in jeder nachfolgenden Generation die Elemente des menschlichen Charakters mit den Linien des Ursprungs überkreuzen.

Die Geschichte der Welt hat die Tatsache offenbart, dass Männer ihre Eigenschaften nicht an ihre Söhne übergeben. Auch übermitteln Frauen ihre Eigenschaften nicht an ihre Töchter.

Nicht ein einziger großartiger Mann ist jemals vor uns aufgetreten, der nicht eine Mutter hatte, die in ihrem Charakter die Elemente verkörperte, die ihn erfolgreich gemacht haben. Keine Frau hat je die Welt mit ihrer Genialität in Erstaunen versetzt, die nicht der Sprössling eines Vaters war, der die Keime gleichartiger Genialität besaß.

Unterschiede in Umgebung und Ausbildung haben ihren Einfluss gehabt, aber so weit das Gesetz der Vererbung eine Ursache beobachteter Resultate lieferte, gibt es keine Ausnahmen zu dieser Regel.

In jeder scheinbaren Ausnahme, wo der Sohn mit Erfolg in die Fußstapfen des Vaters getreten ist, wird man herausfinden, dass die Mutter die Charakterelemente besaß, die seinen Erfolg erst ermöglichten.

Zu jeglichen Zeiten haben die Männer die Tatsache beklagt, dass ihre Söhne unfähig waren, in ihre Fußstapfen zu treten, während die gegenwärtige Theologie und die gesellschaftlichen Gebräuche den Töchtern diesen Erfolg verwehrten, da die Beschäftigungen, in denen diese Talente glänzen würden, als nicht „frauengerecht" betrachtet wurden.

Und somit, nach Jahrzehnten des Missbrauchs und der Unterdrückung, erschien dieses Talent dann im Enkel. Auf die gleiche Art und Weise wurden talentierte Burschen, die von ihren einfühlsamen und gebildeten Müttern jene Gabe erhielten, welche sie zu brillanten Musikern, bewährten Malern oder unvergleichlichen Poeten gemacht hätte, dazu genötigt, wirtschaftlichen Unterfangen nachzugehen, für die sie vollkommen ungeeignet waren.

Gute Beispiele dieser Übertragung der erworbenen Entwicklung im anderen Geschlecht in der dritten Generation wurden beim Züchten von Trabern gefunden. Der hoch trainierte Hengst George Wilkes erscheint nicht als der Vater von sehr schnellen Stuten, aber er erscheint zehnmal als Großvater und viele Male mehr als Urgroßvater.

Martin Kallikak glaubte, das Blut nichts erzählen könnte; oder, wenn es etwas erzählen könnte, würde es ihn nicht verraten. Martins dramatische Geschichte und die Geschichte seiner Keimzellen, seines Blutes, wurden in dem kleinen Buch „Die Kallikak Familie" von Dr. Henry H. Goddard, Direktor des „Juvenile Research Bureau" des Staates Ohio und vormals Superintendent der berühmten „Schule für Schwachsinnige" in Vineland, New Jersey, erzählt.

Martin Kallikak war ein junger Soldat im Unabhängigkeitskrieg (1775 – 1783 auf nordamerikanischem Boden gegen die britische Kolonialmacht. Anm. d. Ü.). Seine Abstammung war ausgezeichnet. Aber in einer wilden Nacht auf dem Hudson Fluss vergaß Martin sein edles Blut. In dieser Nacht der Zerstreuung traf er ein körperlich attraktives, aber geistesschwaches Mädchen. Das Resultat dieses Aufeinandertreffens war ein geistesschwacher Junge. Dieser Junge wuchs auf und heiratete eine Frau, über dessen Geisteszustand Dr. Goddard keine Aufzeichnungen erlangen konnte. Aber offenbar war sie seinesgleichen. Sie produzierten zahllose Nachkommen mit einem hohen Prozentsatz an Schwachsinn. Sie wuchsen als faule, antriebslose, einfallslose, tändelnde und stehlende Menschen auf. Sich mit ihresgleichen verheiratend, trat eine neue Generation mit dem gleichen allgemeinen Charakter auf. Das passiert nun schon seit sechs Generationen.

Jedoch hat das Blut auf der anderen Seite der Leinwand eine vollkommen anders geartete und wunderbare Geschichte gemalt. Später in seinem Leben heiratete Martin eine junge Quäkerin mit wunderbaren Talenten und einer heldenhaften Abstammung. Es schien so, als könnte diese Linie von Kindern in jeglicher Umgebung schlichtweg zu nichts Schlechtem werden. In der Tat, wie alles Blut, gut oder schlecht, hatte es sich seine eigene Umgebung geschaffen. Diese Linie hat uns 496 Erben geschenkt. Alles normale Menschen. Wie Dr. Goddard sagte, sie haben uns Erben des höchsten Respekts und sozialen Nutzens gegeben, unter ihnen „Doktoren, Anwälte, Richter, Lehrer, Großgrundbesitzer, Händler und Männer und Frauen, die in jeder Phase des gesellschaftlichen Lebens hervorstachen." Der letzte auf der Ahnentafel ist nun ein Mann mit Wohlstand und Einfluss.

Niemand musste für diese Blutlinie je ein Asyl, ein Zuchthaus, eine Erziehungsanstalt oder spezielle Schulen bauen. Die andere Linie hat der Volksgemeinschaft Hunderttausende Dollar gekostet, um ihre bösartigen Neigungen zu bändigen oder sich um ihre schwachen Geister und Körper zu kümmern. Die eine Linie hat zerstört, die andere aufgebaut; eine Linie hat geerntet, und die andere hat zerstreut; die eine hat zu nichts als Boshaftigkeit und Kummer beigetragen, während die andere die Erde mit Schönheit und Erfolg gesegnet hat.

Somit finden wir, dass der Unterschied in den individuellen Leben hauptsächlich durch den Grad an Intelligenz gemessen wird, den sie darstellen. Es ist eine höhere Intelligenz, die das Tier auf eine höhere Wesensebene gesetzt hat als die Pflanze, den Menschen höher als das Tier; und wir finden, dass höhere Intelligenz durch die Fähigkeit des Individuums aufgezeigt wird, seine Handlungsweisen zu kontrollieren und sich somit bewusst an seine Umgebung anzupassen.

Es ist diese Anpassung, welche die Aufmerksamkeit der größten Geister beschäftigt, und diese Anpassung besteht in der Anerkennung einer bestehenden Ordnung im universellen Geist, da es wohl bekannt ist, dass dieser Geist uns genau in dem Verhältnis gehorcht, wie wir zuerst ihm gehorcht haben.

Während wir an Erfahrung und Entwicklung dazu gewinnen, gibt es einen entsprechenden Zuwachs in der Befähigung des Intellekts — in der Bandbreite und Kraft der Gefühle, in der Fähigkeit zu wählen, in der Macht etwas zu erstreben, in allen ausführenden Handlungen, in allem Selbstbewusstsein.

Der Erfolg mag zur Stunde dem kräftigsten Kämpfer gehören, aber die Zukunft gehört demjenigen, der am besten weiß, wie er sich an die heikelsten Umstände des Lebens anzupassen hat.

Die gigantischen Tiere, die in lang vergangenen

Zeiten lebten, sind verschwunden, aber viele ihrer schwächeren Zeitgenossen sind immer noch da.

Wähle, welche Verbesserung du dir auch immer in einer Blume, einer Frucht oder einem Baum wünschst — indem du sie kreuzt, auswählst, kultivierst und beharrlich bist, kann sie unwiderruflich festgeschrieben werden.

Wähle eine jegliche Charaktereigenschaft, sei es Ehrlichkeit, Fairness, Reinheit, Tatendrang oder Sparsamkeit — indem du alles gibst, was in einem gesunden, umgänglichen Einfluss vorausgesetzt ist, kannst du sie kultivieren und sie somit ein Leben lang bewahren.

Die Vererbung wird sich natürlich bemerkbar machen, und wie in jedem sich verbessernden Unterfangen wird es gewisse starke Tendenzen zur Umkehr geben, aber Beharrlichkeit wird siegen.

Wenn du sehr ehrgeizig bist und Biografien eines großen Genies oder eines mächtigen Wirtschaftsbosses nach Erfolgshinweisen verschlingst, bist du gut damit beraten, eine Bestandsaufnahme der Gaben und Talente dieses großen Genies während seiner Erziehungszeit zu machen.

Kosmische Intelligenz wird weiterhin experimentieren und andere koordinierte Organismen zu höheren und komplexeren Systemen entwickeln.

Experiment um Experiment wird durchgeführt und verschiedene Speziesanordnungen entwickelt, jede einzelne versuchend, den Funken des Lebens bis zum höchsten Grad zu entfalten, indem sie sich kontinuierlich an die veränderten Bedingungen in ihrer Umgebung anpasst.

Das Protoplasma oder die Zelle nimmt ihre Umgebung wahr, induziert Bewegung und wählt ihre Nahrung. Dieses sind Beweise für die Existenz eines Geistes. Während sich ein Organismus entwickelt und umfangreicher wird, fangen die Zellen an sich zu spezialisieren, die eine dies, die andere das ausführend, aber alle zusammen zeigen Intelligenz. Durch Verbindung wachsen ihre Geisteskräfte.

Während zu Beginn jede Funktion des Lebens und jede Handlung das Resultat bewussten Denkens ist, werden beständige Handlungen automatisch oder unterbewusst, damit sich der selbstbewusste Verstand anderen Dingen zuwenden kann. Die neuen Handlungen hingegen werden auch wieder gewöhnlich, dann automatisch, dann unterbewusst, damit sich auch da wieder der Geist von diesem Detail befreien und sich anderen Aktivitäten zuwenden kann.

Menschliche Liebe hat so viele Elemente und Schattierungen wie es Ebenen menschlichen Bewusstseins und Interesses gibt. Sie bezieht emotionale Begeisterung, Zärtlichkeit und Hingabe mit ein;

ästhetische Anmut, Schätzung und Befriedigung; intellektuelle Stimulation, Anerkennung und Respekt; gesellschaftliche Bekanntschaften, Begleitung und Kameradschaft, und die Glückseligkeit; sie alle sind das Ergebnis von selbsteinschränkender persönlicher Bedeutung und aufopferndem Dienst.

Das bedeutet, dass das Selbstbewusstsein zunimmt, sich ausdehnt, wächst, sich entwickelt und vergrößert. Es wächst und entwickelt sich, weil es eine geistige Aktivität ist. Wir vervielfältigen unseren Besitz an spirituellen Dingen im Verhältnis zu unserem Gebrauch von ihnen. Alle materiellen Dinge werden durch den Gebrauch konsumiert. Es gibt da ein diametral gegenüberliegendes Gesetz, welches den Gebrauch des Spirituellen und des Materiellen regelt.

Die Intellektuellen sind nicht notwendigerweise die großen Nutzbringer für die Menschheit, da in der Regel ihre noblen Ideen nicht auch gleichzeitig die Gefühle haben, die sie zum Erfolg benötigen. Du wirst zweifellos viele kennen, die nicht klug genug waren, die fehlende Sache zu erkennen, und folglich nichts erreicht haben, woraufhin dann unsere Intellektuellen behaupten: „Das konnte doch eh nicht erreicht werden."

Vereine wahre, intelligente und wohl geborene Gefühle mit einer Idee, und es ist so, als würdest du Energie und Masse vereinen —sie schreitet mit Geradlinigkeit und Kraft voran, um die Welt mit ihren

Wohltaten zu segnen. Entziehe dieser Idee, ganz gleich wie nobel sie geboren wurde, ihre spirituelle Qualität, und sie wird wahrscheinlich gleich bei der Geburt sterben.

Du bestehst aus Millionen kleinster lebender Kreaturen, jede von ihnen im Besitz von Geist und Intelligenz. Diese werden durch einen Gruppengeist kontrolliert und dieser Gruppengeist wird durch den unterbewussten Geist kontrolliert, welcher wiederum durch die Gedanken kontrolliert wird, die in ihn eintreten.

Es ist der Gedanke, welcher die Anpassung vornimmt.

Das ist der Vorgang des Kreuzens des Menschlichen mit der Saat des Göttlichen.

Das ist das Einlassen mit einem höheren Typus.

Das ist das letztendliche Ziel der menschlichen Vorsehung.

ENDE

WEITERE ANGEBOTE

DIE ERSTAUNLICHEN GEHEIMNISSE DER YOGIS

Atem ist Leben. Lerne von den Meistern des fernen Ostens und werde zum Herrscher über deinen Atem und somit dein Leben. Charles Haanels letztes Werk, wie gewohnt mit tiefen Einsichten und praktischen Anleitungen.

ISBN: 978-3-89682-602-2
Umfang: ca. 240 Seiten, gebunden
Format: 19,1 x 13,1 x 3,2cm
Preis: 21,95 Euro

Unser eigenständiges Leben beginnt mit dem ersten Atemzug nach der Geburt. Mit dem letzten Atemzug endet unser physisches Leben. Charles Haanel schrieb in diesem Buch die fernöstlichen Lehren der Yogis über den Atem nieder. Er bringt zum Ausdruck, welche potenziellen Möglichkeiten wir uns mit der richtigen Atemtechnik zunutze machen können und wie wir so genug Prana (Pra = vor und ana = Atem) speichern können.

Prana ist das Prinzip der Bewegung und Geist das Prinzip der Intelligenz. Ohne Prana kann kein Denken stattfinden. Wenn wir langsamer atmen, verlangsamen sich auch unsere Denkprozesse. Wenn wir den Atem im physischen Körper anhalten, strömen die Gedanken im mentalen Körper nicht mehr hinein. Dieses Prinzip machen sich Pranayama (die Kontrolle der Vitalkräfte im Körper) und die Yoga Philosophie zunutze. Somit sind diese Anleitungen der bewussten Atemtechnik ein weiteres Kronjuwel im Zepter der Macht eines sich selbst gestaltenden Menschen.

DAS MASTER KEY SYSTEM

**Das Original. Deutsche Erst-
übersetzung. Die Referenz im
deutschsprachigen Raum. Mit
umfangreicher Unterstützung
und dem 24-wöchigen
Studienservice.**

ISBN: 978-3-9812023-2-8
Umfang: 252 Seiten, gebunden
Beilage: 1 Audio CD, 1 DVD
Format: 23,6 x 21,6 x 2,5cm
Preis: 39,00 Euro

Seit dem Erscheinen im August 2007 ist diese Übersetzung,
die Helmar Rudolph in Zusammenarbeit mit Franz Glanz erstellt
und verlegt hat, die Referenz. Als einzige Übersetzung wird sie
umfangreich unterstützt. So können die Leser —oder besser
Studenten— den größten Nutzen aus dieser Lehre ziehen.

Der Master Key (zu deutsch „Meisterschlüssel") besteht aus
dem Verständnis um die Abläufe und Geschehnisse in unserem
Leben, sowie den Einsichten in das schöpferische Prinzip und
dessen praktischer Anwendung im täglichen Leben.

In 24 Wochen-Lektionen vermittelt uns Charles Haanel auf
eine hochkomprimierte Art und Weise ein zeitloses Wissen, liefert
uns gleichzeitig aber auch noch eine Übungsanleitung, die unsere
Fähigkeiten systematisch aufbaut und erweitert. Diese benutzen
wir dann, um uns auf eine höhere Ebene der Existenz zu schwingen
und ein Leben in Gesundheit, Liebe und Wohlstand zu leben.

DAS MASTER KEY SYSTEM HÖRBUCH

**Das Original. Deutsche Erst-
aufnahme. Die kompletten
24 Teile, professionell aufgenommen und abgemischt. Mit
eigens dafür komponierter
Musikuntermalung.**

ISBN: 978-3-9812023-0-4
Umfang: 8 CDs + Bonus CD
Format: 18,7 x 13,8 x 5,2cm
Preis: 97,00 Euro

Für all diejenigen, die das gesprochene Wort bevorzugen, bietet dieses professionell aufgenommene und in Teilen mit eigens dafür komponierter Musik unterlegte Hörbuch die ideale Lösung. Gleichzeitig ergänzt es das gleichnamige Buch auf eine besondere Art und Weise.

Auf 8 CDs sind alle 24 Teile des Originals aus dem Jahre 1919 vorhanden. Das Vorwort von wurde bewusst auf der Bonus CD abgelegt, damit es den Hörfluß nicht beeinträchtigt. Auf dieser befinden sich neben zahlreichen Desktophintergrundbildern in verschiedenen Auflösungen auch der 1. Teil der separat erhältlichen 24 Master Key System Meditationen.

Die sehr angenehme Stimme von dem aus Funk und Fernsehen bekannten Sprecher Wolf Frass bereitet auch nach langem Hören höchsten Genuss. Ideal für lange Auto- oder Bahnfahrten, aber auch zuhause eine wertvolle Begleitung und Vertiefung des Buches.

DIE 24 MASTER KEY SYSTEM MEDITATIONEN

Einfach. Konsequent. Effektiv.
Hilfreiche Motivation und
optimale Unterstützung beim
Durchführen der 24 Übungen.
Mit eigens dafür komponierter
Musik unterlegt.

ISBN: 978-3-9812023-9-7
Umfang: 8 CDs + Bonus CD
Format: 18,7 x 13,8 x 5,2cm
Preis: 97,00 Euro

Das Master Key System offenbart sich nicht nur über Logik, sondern ganz wesentlich auch über das Verständnis von Unendlichkeit, Grenzenlosigkeit, Allwissen und Allmacht. Da sich der bewusste Verstand solche Dinge nur schwer oder gar nicht vorstellen kann, bedarf es dafür des Erspürens. Dieses Erspüren kommt von innen, durch die Übungen.

Nur durch konsequentes Üben können wir neue Gewohnheiten schaffen und zu einem neuen Menschen werden. In den Übungen steckt der praktische Teil der Lehre und das macht dieses Produkt so wertvoll.

Der Text der Übungen ist von Wolf Frass, dem Sprecher des Hörbuches, einfühlsam aufgesprochen und mit einer eigens dafür komponierten Entspannungsmusik unterlegt. So wirst du beim Entspannen und Loslassen unterstützt und kannst dich voll und ganz auf die Übung konzentrieren.

MASTER KEY SYSTEM SUPERLEARNING

Zeitloses Wissen, tiefe Einsichten und neueste Lernmethoden. Mit dem Master Key System Superlearning verinnerlicht man sich die Lehre Charles Haanels quasi im Schlaf.

ISBN: 978-3-9812023-1-1
Umfang: 8 CDs + Bonus CD
Format: 18,7 x 13,8 x 5,2cm
Preis: 97,00 Euro

Im Gegensatz zum Hörbuch ist das »Master Key System Superlearning« für einen tiefen Entspannungszustand gedacht. Es nutzt dafür eine der weltweit fortschrittlichsten Lernmethoden, um das Wissen des Master Key Systems zu verinnerlichen. Dabei wird mit Hilfe systematisch gesteuerter Tonimpulse ein Entspannungszustand im Theta-Bereich induziert, in dem das Unterbewusstsein für Informationen extrem aufnahmefähig ist.

Die Zuhilfenahme dieser Technologie ist ein unmittelbarer und sehr direkter Weg, sich dieses ermächtigende Wissen schnell, effizient und dauerhaft anzueignen, während man selbst tief entspannt ist.

Das MKS Superlearning ist ein hochwirksames Werkzeug, das die praktische Anwendung im Alltag wesentlich unterstützen und erleichtern kann. Du benötigst dazu lediglich einen CD-Spieler.